# 父母对话青春期

王艺霖 著

台海出版社

**图书在版编目（CIP）数据**

父母对话青春期 / 王艺霖著 . —— 北京：台海出版
社 , 2021.7（2024.11 重印）

ISBN 978-7-5168-3013-0

Ⅰ . ①父… Ⅱ . ①王… Ⅲ . ①青春期—家庭教育

Ⅳ . ① G782

中国版本图书馆 CIP 数据核字 (2021) 第 097016 号

# 父母对话青春期

著　　者：王艺霖

责任编辑：魏　敏　　　　　　　封面设计：一本好书

出版发行：台海出版社
地　　址：北京市东城区景山东街 20 号　　邮政编码：100009
电　　话：010-64041652（发行，邮购）
传　　真：010-84045799（总编室）
网　　址：www.taimeng.org.cn/thcbs/default.htm
E－m a i l：thcbs@126.com

经　　销：全国各地新华书店
印　　刷：三河市嘉科万达彩色印刷有限公司
本书如有破损、缺页、装订错误，请与本社联系调换

开　　本：880 毫米 × 1230 毫米　　　1/32
字　　数：160 千字　　　　　　　　印　　张：8.25
版　　次：2021 年 7 月第 1 版　　　印　　次：2024 年 11 月第 6 次印刷
书　　号：ISBN 978-7-5168-3013-0

定　　价：49.80 元

# 前　言

有一天，我的先生和儿子两个人在楼下整理甲虫宠物，听到先生哈哈大笑起来，我心想这父子俩相处甚欢呀，忍不住好奇地想看看他们之间发生了什么有趣的事。

望着儿子越来越修长的身影，我的心里突然像被一样东西戳了一下：我们有多久没有跟孩子轻松快乐地好好在一起了？每天催促他快一点，提醒他背挺直一点，告诉他再努力一点。是的，这一切都是对的，我们每天都在把事情向做对的路上奔忙。有时却忘了，如何可以让孩子在有限的时间里跟我们在一起的时候更开心一点，如何可以让我们之间的爱更浓一些，如何让孩子因为我们更被赋能一些。比起这样轻松、快乐、充满爱的家庭环境，还有什么是更重要的呢？

好多事情都有机会去做得更好，只要孩子有足够的能量。但是好好在一起这件事情，却是多么刻不容缓，因为他成长的每一刻都意味着，跟他好好在一起相处的时间越来越少。

真希望通过这本书，可以让家长们更多地了解身边这个从童年走来，看上去已然高大或成熟，但仍然是孩子的少年，他们都经历了哪些变化；让家长们更多地理解他们有迷茫、有痛苦、有无助，也有不知所措；让家长们能够明晰在沟通中如何给孩子最好的支持，完成他们人生中这一次重要的蜕变！

人常说"谁的青春不迷茫"，说的就是处于青春期孩子的状态，现实中岂止是孩子迷茫呢，青少年的家长更迷茫。很多家长来做咨询的时候，都非常困惑地说："孩子到底是怎么了呢？我简直无法跟他沟通！"

父母跟孩子在一起生活 10 多年，可突然有一天，一觉醒来却发现你超级不了解他，在家里走来走去的那半个大人，简直就是一个陌生人。有时一言不合就翻脸，有时好不容易能听你讲几句话，心里刚有点欣慰，结果他扔过来一句"说完没"。

青春期对孩子究竟意味着什么？家长要如何看待、如何与他们沟通呢？希望通过这本书可以帮助更多父母在亲子关系中了解彼此的需求，看清彼此的关系，掌握彼此的沟通模式，从而给孩子成长以真正的赋能和滋养！

这本书大半是在附近的咖啡厅完成的，我每天早上都要与紧紧拽着我衣襟的小女儿告别。这明明是一本科普书，我却常常写得热泪盈眶，还好因为疫情要戴口罩，我才不会因此太尴尬。在这本书里，有太多太多家庭的故事，有父母们的迷茫焦虑，有孩子们的彷徨无助，有父母们的觉醒改变，有孩子们的蜕变成长。正是这一切，滋养了我的内心，给予了我力量，鼓励我写完这本书，以让更多的家庭同样被滋养。

我很感激孩子常常对我说"妈妈，你已经做得很好了"，我知道这是孩子心疼我，并赋予我能量。事实上，我也只是在前行的路上，希望这一路，能与曾经有同样困惑和苦恼的家长们抱团取暖，让我们一起活成一束光，照亮并温暖父母与孩子之间的亲密关系，让孩子们更有力量，微笑着去面对他们的星辰大海。

欢迎扫描二维码，关注微信公众号"艺霖亲子陪跑"以及艺霖的微信号 wangyilin3339，这里会不定期与大家分享不同年龄阶段亲子沟通的话题，希望我能成为你亲子路上温暖而有力量的陪伴者和支持者。

# 目 录

**第一章　识别：父母和青春期孩子的对话"卡"在哪里？**

当"中二、小四病"来袭时，亲子关系仿佛进入了"隧道期"，一切都变了样。本章节带家长一起演练如何迎接来自"隧道期"的四大挑战、盘点亲子冲突的"三大坑"。从处于"隧道期"亲子关系中家长和孩子各自的变化和压力出发，深度解析亲子沟通不畅的原因，并给出"量化"亲子沟通的工具，帮助家长轻松识别日常生活中不易觉察的沟通"卡点"。

## 第二章　清障：拆墙建桥，与青春期孩子这样对话

父母与青少年孩子之间经历的可能是假沟通？有爱
流动的对话才能实现真正的沟通，通过简单三步骤就可
检验出亲子之间是否是有效对话。本章通过日常、情绪、
学习与交往三大场景、九个典型案例，总结出有效对话
的具体方法。

第三章　重启：修复亲子关系，让爱在对话中流动起来

与青少年和解不代表要牺牲父母的尊严，父母的尊严也并非要在亲子对抗中体现。"低碳沟通法""改变沟通站位"，与孩子成为"盟友"，"六不原则"，让父母不再成为亲子对话的终结者，学做"抱持"型父母，实现真正可控的亲子关系。

第四章　懂得：看见彼此，亲子共赢

了解孩子内在稳定"三角"，做"我懂你"的父母，学会"感受表达法""期待表达句式""二分模型"，就不难让孩子做到"你懂我"。巧借 DISC 熟谙孩子行为风格、五步法建立有效规则，轻松掌握与青春期孩子合作的秘诀。

## 第五章　赋能：每一句话都可以是青春期孩子的"加油站"

如何准确地为孩子按下"确认键"？拆解为孩子赋能的底层逻辑，避开让孩子无法自信的三大"死穴"以及影响孩子独立的三大"陷阱"，为孩子搭建助力成长的"鹰架"。巧妙使用"剥洋葱、去导航法""两步赞赏法""半杯水"以及"正向资源法"四大沟通工具，为孩子赋能，给孩子"做自己"的勇气，活出"高版本"的人生！

# 第一章

# 识别：
# 父母和青春期孩子的对话"卡"在哪里？

　　当"中二、小四病"来袭时，亲子关系仿佛进入了"隧道期"，一切都变了样。本章节带家长一起演练如何迎接来自"隧道期"的四大挑战、盘点亲子冲突的"三大坑"。从处于"隧道期"亲子关系中家长和孩子各自的变化和压力出发，深度解析亲子沟通不畅的原因，并给出"量化"亲子沟通的工具，帮助家长轻松识别日常生活中不易觉察的沟通"卡点"。

# 第一节 孩子叛逆、无法沟通的真相

## 一、"中二、小四病"来袭，家里多了一匹失控的野马

作为一名青春期孩子的家长，有个网络流行语即使你没听过，但可能也深深感受过，那就是"中二病"，说的就是孩子到了初中二年级，会表现出这个年龄阶段的很多特点，比如自以为是、狂妄，同时又总觉得没人理解他们等。而在父母眼里，孩子呈现出来的状态是闲散沮丧，缺乏动力，难以管教，让父母在极度挫败与随时爆发的情绪中无法自拔。

如果说家长多数都能感受到"中二病"扑面而来的压力和挑战，那么"小四病"却是来得"随风潜入夜"，让你某一天惊觉的时候，发现它已经来了！所谓"小四病"就是前青春期，常常发生在小学四年级。

到底是什么让昔日乖巧可爱的宝贝们变得难以捉摸、无法沟通，有时候还会如火星撞地球，竟像仇人一般？

青春期对家庭和孩子的影响来得可能远比家长们想象的要早，发生在生活中的所有的改变，就是一个信号弹，在告诉父母：孩子长大了，来到了人生的另一个阶段。

经常有家长问我，王老师，你家孩子肯定没有这些情况吧？我说，怎么会没有呢？如果他没有出现任何步入青春期的表现，我才焦虑呢，青春期是孩子完成人生蜕变的一个最重要的阶段。当他出现各种变化，正说明他长大了，将要迈入人生新阶段了，这是一件很值得庆贺的事情！正如我曾经为他学会走路而高兴，曾经为他开口说第一句话而开心。

孩子长大了，孩子在变，父母有没有跟着改变呢？

我从事家庭教育这么多年，按理说对青春期孩子可能会出现的状况已经有了一定的了解，可是，当自己的儿子第一次像个小狮子一样宣称他的主权不可侵犯的时候，我也是血压飙升！我的孩子怎么可能会跟我顶撞呢？挫败感油然而生。但我也很快意识到，他已经不再是那个 9 岁的天天围着我转的孩子，而我也已经是一位 10 岁的前青春期孩子的妈妈了。

孩子长大了，而父母有没有跟着孩子一起长大呢？亲子关系有没有一起成长呢？

如果没有，就好像孩子穿小的那件衣服，看上去又短又紧，还可能会撑爆线，掉扣子。在过去 10 年左右的时间，父母跟孩子一直是很密切地相处，在这种关系中，往往父母对孩子的依赖多于孩子对父母的依赖。当孩子经历青春期，几乎所有的行为都是指向与父母分离时，这对父母来说是一种心理挑战。如果这个正处于青春期的孩子是家里最大的那个孩子，也就是说第一次做青春期孩子父母的话，对于父母来说真的需要很大的勇气，需要很多的信任和爱，才能够做到坦然且满心祝福地放手，从心底给出一份允许，允许他自由成长。

当父母真正放手了，才发现自己收获了两个自由的灵魂：孩子的和自己的。

青春期仅仅是指孩子的生理变化，而事实上没有哪一个青春期的风浪完全是孩子一个人经历的，我更愿意称这段时间的亲子关系经历了一个"隧道期"，这个阶段的经历是父母和孩子共同的任务。

有一句话说"如果一件事情影响不到妈妈，就影响不到孩子"。

可能父母更多看到的，或者表述的是"我家孩子"在经历青春期这个阶段，真的是发生了太多变化，受了太多影响……其实，这在某种程度上是父母受到影响的折射。当父母自己能够很好地接纳"隧道期"，并且愿意开启"隧道模式"，与孩子共同度过的话，就会发现孩子并没有像你先前那样难以理解、难以接受了。

## 二、"隧道期"的亲子沟通"变调"了

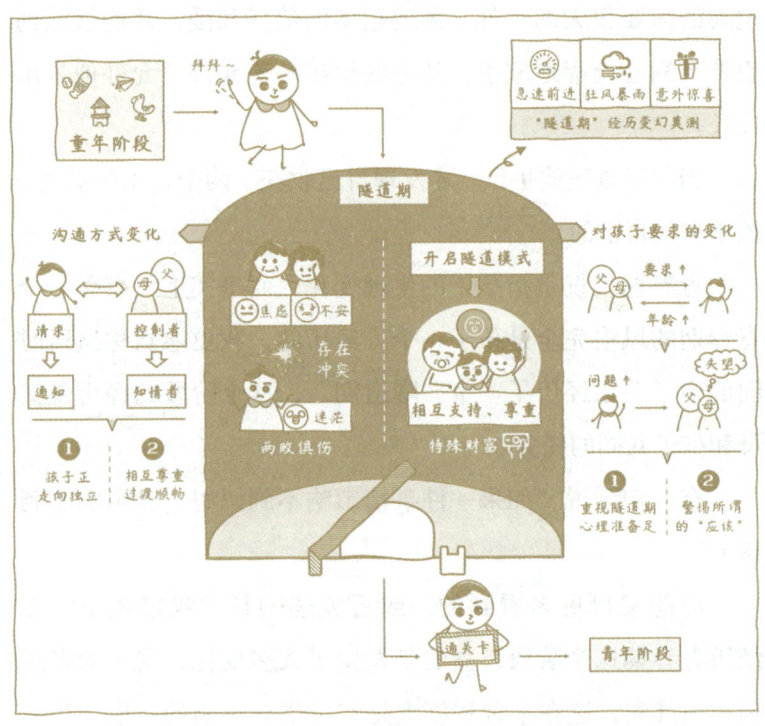

　　"隧道期"的父母和孩子都会经历什么呢？可能是急速前进，也可能是狂风暴雨，还可能是意外惊喜，就好像去了一个游乐园，要水上探险、要坐过山车，这样经历一番之后，才会收获一张通关卡，然后顺利进入孩子的青年时期。

　　隧道一端是孩子的童年，另一端是孩子的青年，孩子的任务就是离开童年，去往成年即青年阶段，完成人生最重要的一次蜕变。父母对在这条隧道里将会发生的事情感到忐忑

不安，时而焦虑时而充满期待。"隧道期"是一个会让孩子和父母都行之艰难的阶段，就更加需要父母与孩子相互扶持走过，而不是等孩子走向成年时，发现亲子关系已经两败俱伤，或者在这段举足轻重的人生经历里充满遗憾。

"人生最遗憾的，不是你做不到，而是你本可以"。父母完全可以与孩子共同把这段特殊的日子变成财富。

试想一下，当一个人开车进入隧道，是不是看到的、听到的甚至闻到的都在发生变化？那么，处于"隧道期"的亲子沟通都会发生哪些变化呢？

### 1. 孩子与父母的沟通方式从"请求"变成"通知"

在随着孩子走向成人的过程中，值得父母注意的一个关键点是：父母在孩子生命中的位置在发生变化。

之前无论什么事都要先向父母请示，"妈妈我吃个糖好不好""妈妈我想去同学家玩""妈妈我能不能看个动画片"，甚至当你生气发火时，他都不会离开，还会边哭边缠在你身边要"抱抱"。

家长之于孩子就好像是太阳照地球，地球整天围着太阳转，这种规律、这种相处模式，甚至常用的对话方式都已经形成习惯。当孩子请求看个动画片时，父母可能不用想就会说"不行，先把作业写完"。当孩子哭着要抱抱时，父母可能又马上说"不抱，你一点都不听话"。

然而10~13岁的孩子会"擅自"变更这种沟通方式，比如他一改之前"请示"的沟通方式，变成"通知"，父母从

"控制者"变成了"知情者"。这并不是孩子"不把父母当回事",而是他已经准备独立了。

如果之前是这样的沟通模式,会在"隧道期"让父母陷入困境。这个地球开始不按轨道运行,动不动就溜出原来的轨道,而太阳又会努力地把他拉回原来的轨道。有拉扯就有挣脱,当有拉不回也有挣脱不掉的时候,冲突就会发生。

但假如亲子之间,以前就是相互尊重的沟通模式,那么"隧道期"的过渡就会相对顺畅很多。

### 2. 父母对孩子的要求也在变化

父母往往会想当然地认为随着年龄增长,孩子应该越做越好,越来越懂事,越来越像个大人一样思考和做事。可是恰恰相反,孩子的"问题"却越来越多,很多父母在这个阶段会对孩子生出"失望"之意。

这是因为家长忽视了"隧道期"的存在,或者至少是没有给这个阶段足够的重视,以为孩子的成长会与身高直接匹配,以为孩子都跟妈妈一样高了,就应该像妈妈一样思考。可是他们仍然是个孩子,而且还是处于特殊阶段的孩子,在这个阶段,不仅父母要加倍打起精神,还要对它的长度和难度有足够的心理准备。

孩子能感受到进入"隧道期"后父母也发生了变化,父母对孩子的容忍度降低,要求变高变多,耐心变少,原来能够允许的事情现在却不行了。父母还总是说:"你都 10 岁了!""你应该……"

父母要警惕随着孩子长大，自己口中多出来的那些"应该"，它们会让你无法做到真正地接纳孩子。你要及时停止投射自己的期待和标准给孩子，因为这对孩子和你都是一种折磨。

## 三、如何迎接来自"隧道期"的四大挑战

### 1."冲突"成了你家的常客

如果父母的要求是细碎且严格的，那么他们会更快经历亲子之间的第一次冲突。在冲突中，你会看到一个陌生的孩子，他们有着火山一样的脾气爆发，斗鸡一样脸红脖子粗，并有着辩手一样的口才，甚至还有仇视的眼神。如果这一次你没有控制住情绪，而是跟孩子"火拼"一场的话，说真的，我也是万分理解。因为对父母来说，心里有委屈，有气愤，有不可思议，还有不知所措。父母还不知道为什么会这样！

然而，等到风平浪静之后，那个小可爱又会若无其事地叫着爸爸妈妈，让你恍惚觉得之前发生的只是个意外。但千万别被自己的侥幸催眠，因为这个第一次只是一个信号而已，如果你没有及时重视，那么同样的场景会频繁再现，因为在绝大多数的亲子关系中，冲突会引发父母的挫败感以及对于家长权力失去的恐惧感。于是他们会对孩子加强控制，然而越控制，就会越遭遇孩子的反抗，尤其是在孩子用尽全力去寻求独立的"隧道期"，"独立"和"控制"是无法并

存的。这个信号提醒父母，是时候好好读完手里的这本书了。

其实，即使重视，冲突也在所难免。在以后的几年里，亲子之间还是会产生冲突的，当然冲突未必是坏事，冲突是在帮助亲子之间建立新的、更加合适、更加有效的联结。那么如何让冲突成为机会，如何在冲突中寻求双赢才是家长需要关注的。

### 2. 时而要与儿童沟通，时而又要与成人沟通

当青少年跟你说"不用你管我"的时候，并不意味着他真的完全不需要你了，或者你可以完全退出他的成长期了。这个阶段的孩子是既想独立，又得依赖父母的小狮子，虽然他正在迈向成年，但是父母一定要记得他刚刚从童年走来。

他们就像在隧道里荡秋千，一会儿摆荡到童年这一端，一会儿又摆荡到青年那一端，父母要做的不是让他停下来，要么做个儿童，要么做个大人。而是当他荡过来需要你的时候，父母就推一把，给他必要的支持，而当他远离不需要父母的时候，父母也不必追，只需用祝福目送。

父母要理解青少年虽然有时像个孩子，但是却又极要面子。也就是说，他不想被任何人以任何方式提醒他是个孩子，或者行为幼稚、不可靠，所以父母如果能够注意到这一点，以合适的方式维护孩子的尊严，孩子就会视你为盟友。这恐怕是青少年能够给你的最积极的回应之一。

### 3. 青少年与父母的沟通变少，与同龄人的交往升温

青少年与父母的沟通时间、内容都会比之前变少，但是

却非常乐于跟同龄人交往，跟父母说话是用"电报语"，跟同学通电话是"煲粥"。有的家长会愤愤不平地说："同学说的话比他爸妈说的有用多了！"

当孩子拒绝你的活动邀请，而转向同龄人的聚会时，不必失落，更不必强行把他拉回你身边。

他的拒绝不是针对你，他的盛情也未必是对某个具体的同学。而是他在探索青春期重要的课题"我是谁"的时候，获得的第一个答案就是："我不是你们（父母），我是他们（同龄人）。"

事实上，亲子关系会决定孩子选择成为哪个群体的一员。当亲子关系亲密而良好的时候，孩子会更容易接受父母的价值观，而当亲子关系僵化紧张的时候，孩子更容易为了反对而反对，更容易做出与父母价值观相反的选择。而且当孩子在同伴关系遇到压力的时候，良好的亲子关系就会成为孩子最有力的支持，不会把孩子推得更远。反之，如果孩子遭遇同伴压力，又不愿意信任父母的时候，孩子可能会做出更加危险的选择。

### 4. 青少年是"思考独立者 + 行动冲动者"

青少年会进入思考和思维的发展阶段，对抽象概念、逻辑性思维都有很大的发展。比如之前看历史故事，更喜欢故事情节，但是这个阶段会开始去分析各个事件间接与直接的关联，之前可能更喜欢看小说或漫画，但现在可能对经济学产生了兴趣。好处是亲子之间的谈资在发生变化，挑战则是他在反驳父母的时候会更加有力，尤其是在争吵时，父母会常常发现力不从心，因为他总是能踩准父母的逻辑错误或者自相矛盾之处。在父母被孩子弄得哑口无言，气急败坏之余，是不是也会暗自为孩子的独立思考点赞呢？

不管青少年的思考多么富有逻辑，但他们的行为却常常是冲动的，这与他们的大脑发展特点密切相关。

父母了解到青少年这个特点，真心接纳他们很重要，在他们表达自己的时候，认真倾听而不是争辩对错，在他们难以控制情绪的时候给予共情，而不是嘲笑或批评。只有孩子被接纳，他才有可能蓬勃生长，如果他所有的思想与行为都遭到批判，他会质疑自己存在的价值。

## 四、盘点亲子冲突的三大"坑"

我在接待青春期孩子家长的咨询中发现，引爆父母与孩子冲突的点大致可以分为权力冲突、疆域冲突和站位冲突几个类别。

### 1. 权力冲突："不许这样" VS "凭什么不能"

当孩子有一天大声对父母提出抗议或者反对意见时，大多数父母在这一瞬间感受到的是自己岌岌可危的话语权受到威胁："完了，我说的话孩子不听了。"假如你是控制型的父母，就会抓住这个权力不肯放手，拼命要跟孩子争回控制权，比如会提出更加严格的要求，并且希望孩子完全听从自己，受控于自己。

此时孩子感受到的就是很强的压迫感，"父母总要逼着我按照他们说的去做！"而青春期的孩子刚好发展出一项新技能，即"违背性意愿"，也就是说"不管你说什么我都会反对"。其实这个技能也不是现在才有，孩子在 2 岁的叛逆期就曾经使用过，也就是说当孩子想要证明自己是个独立的人，想要表达独立意愿的时候，会先说"不"。反正只要说了"不"，就代表我跟你不一样。而青春期孩子进入第二个自我意识发展阶段时，这项技能再次被激活。为了表达他是个独立的个体，有独立意愿，那么他就会为了反对而反对，不管你说的对还是不对，他先反对了再说。

所以当针尖对上麦芒，一方要捍卫自己的权威，另一方要表达反抗，那么冲突就不可避免了。

### 2. 疆域冲突："我吃过的盐比你吃过的饭都要多"VS "我要自由"

每一位父母都期待孩子能有一个美好的未来。在通向未来的路上，有的父母会很想把自己的经验、判断都传授给孩子，生怕孩子走弯路。于是在大事小事上都会给孩子建议，并且干涉孩子的决定，当孩子想做出自己的选择的时候，父母会非常担忧，告诉孩子"不听老人言，吃亏在眼前"，试图以过来人的身份和经验努力说服孩子按照他们的想法或建议去做。这在某种程度上体现了父母自己的焦虑，不敢给孩子去体验，去自己做决定的机会。

而孩子进入青春期之后，对疆域界限非常敏感，他非常希望在自己的领域内能够充分做主，并不特别在乎会不会"吃亏"，会不会"后悔"，对他们来说，当下能按照自己的意志做出决定，这件事情特别"酷"。而父母过多的建议和干涉，会让孩子感到"领地"严重被侵犯，但凡自己的疆域受到威胁，都会引发反抗。

### 3. 站位冲突："你可以这样做" VS "你不理解我"

有时候青少年向父母倾诉一件事情之后，父母往往会急于帮助孩子解决问题，或者给出自己认为是对的解决方案。但是现实中常常会发现自己费力不讨好，孩子反过来还会说"你根本不理解我"。父母不明白自己到底做错了什么，难道自己说的不对吗？其实跟青春期孩子沟通，对和错不是最重要的，情感联结才是重点。

孩子："妈妈，我不想上学，真的是太困了。"

妈妈："不上学怎么能行呢！让你早点睡你又不听。洗把脸就精神了。"

孩子："哎呀，别烦了！"

妈妈："我怎么就让你烦了呢！年轻人不应该是朝气蓬勃的吗？一早起来就没精打采的！"

孩子："你一点都不理解我，就知道唠叨！"

父母站在解决问题的角度，而孩子站在内心渴望被理解的角度，父母可以尝试"穿上对方的鞋"感受一下他当下的感受。当孩子表达"妈妈，我不想上学，真的是太困"时，父母要想想自己是不是也有在周一早上有一百个不愿意去上班的情形呢？如果你的家人也这样回复："你怎么可以有这种想法呢？太不求上进了！"你可能会原地爆炸，火暴程度不知道比孩子的反应高多少倍呢！当父母"穿上对方的鞋"之后，就很容易理解：孩子想表达的并不是一个决定，而是一种情绪。如果父母此时能够理解孩子，并说出他的感受："我知道你希望今天仍然是周末，能好好睡个懒觉！"孩子就会感受到父母的关怀，情绪指数自然会降低，会更加有动力去面对并处理自己的事情。

## 第二节　被孩子的青春撞了腰

### 一、"更年期"遇上"青春期"的事故现场

　　当更年期的父母遇上青春期的孩子，可能都会有被孩子的青春撞了腰一样那种又痛、又意外，还有一些无力的感受。这不仅仅因为青少年此时狂放不羁让父母难以驾驭，还因为人到中年的父母也在面临一个人生转折点，孩子是升腾向上的转折，而父母是渐于收敛的转折，当这两个转折碰到一起的时候，巨大的甚至相反的差异，都可能会给父母带来困扰。

**更年期父母与青春期孩子的异同**

| | 更年期父母 | 青春期孩子 |
|---|---|---|
| **不同之处** | 成熟，冷静 | 青涩，爱冒险 |
| | 由盛转衰 | 由弱变强 |
| | 慢下来 | 快起来 |
| | 激素水平下降 | 激素水平激增 |
| | 趋于保守 | 渴望创新 |
| | 希望权威能继续 | 开始质疑并挑战权威 |
| | 唠叨、持有"走过的桥比你走过的路还要多"的心态 | 不愿意跟父母沟通乐于跟同龄人交往 |
| | 挑三拣四、想控制 | 有主见、会对抗 |
| | 对孩子充满期待 | 只想过自己想要的生活 |
| **相同之处** | 生活压力大，容易焦虑 | 学习压力大，容易烦躁 |
| | 情绪不稳定，易激动 | 情绪不稳定，易冲动 |
| | 迈向人生新阶段 | 迈向人生新阶段 |

青春期就如毛毛虫化茧成蝶的过程，它一定要蜕下那一层茧壳才能获得新生，要知道它不停地把茧壳往下蜕的过程真的是要很用力，它蜕开的是"一切"，并不是只针对父母，只是因为父母是孩子最亲近、接触最多的人，所以会首当其冲地感受到这一力量。他有可能会挑战父母，可能会做与父母期望相反的事情，其实这一切都是他最简单、最自然表现自己"与你不同"的方式。

如果家庭给了对的支持，那么孩子就会通过1~5年的时间完成这个过程，并且回归家庭的价值观；可是如果这个过程并不顺利，那很可能会被"卡在"这个进程当中，这份叛逆就会延续到孩子成年。

我儿子喜欢养甲虫，所以我得以亲见幼虫蜕变的过程，幼虫的"蛹式"如果失败了，这个个体就有可能死掉，也有可能终身都落下残疾，每一次看到这个过程，都会让我对生命、对成长的过程深深敬畏，每一次我都会联想到青春期的孩子。

在现实生活中，不乏有很多青春期孩子的"蛹式"失败，导致失败的原因有很多，而家庭这个因素是父母最有可能把控的，也是最关键的，孩子的成长就在与父母的每一次沟通中逐渐完成。

每一次对话，父母都可以选择是给孩子支持，还是让孩子感觉更加糟糕。父母都会很用力地去爱孩子，但是爱的方向很重要，如果孩子想往南走，而父母一直往北拉他，那么爱则可能会成为障碍，甚至会变成伤害。

## 二、父母不再是孩子心目中的"超级英雄"

父母在孩子心目中曾经是无所不能的"超级英雄"，他们遇到任何事情，遇到困难，第一时间就是来寻求爸爸妈妈的帮助。妈妈做的菜总是最美味的，爸爸总能修好他的玩具，自己的妈妈最漂亮，自己的爸爸最有力量，即使天塌下来，有父母在身边，就什么都不用怕。因此，孩子对父母无条件信任、依赖。

可是不知道从哪一天开始，这一切都已成为过去，孩子开始质疑你的判断，开始挑战你的权威，开始说："别问了，说了你也不懂！"父母仿佛跟不上他们的脚步，仿佛在他们的世界里已经找不到自己的位置。

父母对于孩子的这种变化，往往是从惊讶到不服气，从不服气到气急败坏，很多父母对于自己在孩子世界里权威和地位的动摇或失去会非常焦虑，越焦虑就越想抓取，但很可惜的是，一旦想要抓取就意味着失去。

父母的心路历程往往会经历下面三个阶段：

**第一个阶段：我就不信管不了你！**

刚开始，父母为了延续自己在孩子心目中的权威地位和亲子关系中的话语权，会动用作为父母的"尚方宝剑"：

"我是你妈（爸），所以你得听我的！"

"我一把年纪阅人无数，还搞不定你一个小毛孩？"

然后就幻想着孩子可以重归以前的乖巧可爱，对父母尊敬又遵从……而事实上，绝大多数家长都会来到第二个阶段。

**第二个阶段：难道我就管不了他了吗？**

当父母试图用干涉、命令、说服、讲道理等方法让孩子听从自己的建议和安排的时候，却发现孩子的坚持和力量已经不容小觑，他会全力捍卫他的观点，真的是全力，而不是努力而已，而且说起来头头是道，让你一时之间不知如何反驳。此时的你深深地感受到什么是挫败和无力，或许你会第一次质疑自己是不是对孩子从此就会失去掌控，质疑自己是不是已经管不了他了。

### 第三个阶段：难道真的不用我管了吗？

有的父母在经过第二个阶段之后，可能会发现之前所有控制孩子的方法都不管用了，这个失控的局面仿佛已成定局。可是作为父母，当你看到他的某些行为或者某些决定不当时，仍然觉得需要尽父母的责任，要告诉孩子对错，要让他明白利害关系。可是一旦这样与孩子沟通，就又会重复上面的循环。父母会非常困惑，觉得管也管不了，难道自此孩子就再也不用管了吗？

## 三、青春期的亲子较量，父母输才是赢

很多父母说，在与青春期孩子这一番较量当中，竟然输给了孩子。我想说，所幸你输了，如果你赢了会是什么状况？

在《里约大冒险》这部电影里，故事的主人公是一只蓝色的鹦鹉，在它小时候正满心欢喜地想要尝试生命中第一次飞翔的时候，却被突如其来的陷阱毁掉了一切，从此这只鸟就再也不会飞了。如果孩子在这个成长关键时期不能捍卫自己的权利和主张，那么极有可能就会像这只鸟一样失去飞翔的能力。

我相信有一个观点大家一定会赞同，就是父母养育孩子的终极目的一定是希望他能够很好地独立，即使当父母不在

他身边的时候，即使当父母离开这个世界的时候，他都能够很好地面对自己的生活。我相信这是所有父母的共同愿望，没有一位父母会希望孩子离开自己时什么都不会干。然而，他能够离开父母的这个能力是什么时候练习并且培养起来的呢？

就是在青春期。

他通过表达自己独立的观点，通过捍卫自己的权利，来完成他成为一个独立的人的"确认"。如果这个"确认"的过程被摧毁，就好像《里约大冒险》里的蓝色鹦鹉一样，它虽有翅膀却不能飞翔，也不相信自己可以飞翔。孩子便无法确认自己可以成为一个独立的、有价值的个体。

没有哪一个父母希望孩子在未来不敢争取、不敢挑战、不敢相信自己；没有哪一个父母希望孩子在未来与领导的交往过程中只知道唯唯诺诺、俯首帖耳；没有哪一个父母希望孩子在未来与另一半的亲密关系中只会言听计从、乖乖让步；没有哪一个父母希望孩子对所有的广告或言论只会盲目迷信、从不质疑……

所以父母在与青春期孩子这场较量当中的"输"是值得的，没有让这个"确认"的过程被中断。然而，事实上这并不是输，而是父母这个角色在孩子成长中的退位，是在帮助孩子"确认"他已经有能力掌管自己的人生，父母可以放心地交给孩子来使用这个"权杖"了，然后只需把孩子人生的主场还给他并祝福他成为自己的英雄就可以了。

从这个角度上来说，父母的"输"即是"赢"，是父母的智慧为孩子赢得了振翅的机会和空间。

## 四、"别让我同学看见你"，父母成为不被待见的人

有一次，学员群里一位小学生的妈妈很烦恼地说："这两天孩子总是缠着我搞生日聚会，好烦呀！"另一位初中生的妈妈回复她说："再过几年，你想烦都没机会了！"接下来就有一批初中生妈妈跟着称是，颇有同感。

青少年不再需要你帮他操办生日聚会，也不需要你给他张罗跟伙伴们进行什么活动，这还不算什么，当你把他送去聚会的附近，他还要催促你"快走吧，别让我同学看见你"。

为什么突然间，父母就成了不受孩子待见的人？

其实孩子可能只是为了寻求同伴的认可，他不希望同学看到父母，不想让他们认为自己是一个离不开父母的小小孩儿。在一个人的成长过程中，没有哪一个阶段会如同青春期一样重视同伴关系。

著名心理学家爱利克·埃里克森认为，青春期的核心发展任务就是建立自我同一性。自我同一性是青少年探索自己和他人的差别、认识自身、明确自己更适合哪种社会角色的过程。简单来说，就是一个人会对"我是谁""我会成为什么样的人""我如何适应社会"等问题具有连贯统一的认识。

　　而同伴是青少年社会化发展的重要参照，同伴就好像一面镜子，在同伴的认可与评价的过程中，不断地确定自己的角色"我是个什么样的人"，明确自己的价值感"我是不是被认可，是不是被需要，是不是有价值"。受同伴欢迎和认可的孩子，自我同一性建立的过程就会比较顺利，而受到同伴排斥或否定的孩子，就会遭遇同一性的危机。

　　同伴是青少年成长中非常重要的支持，当他们面对青春期的困惑、焦虑和恐惧的时候，好的同伴关系能够帮助他们缓解或减轻这些影响。

　　虽然同伴关系在孩子成长过程中如此重要，但并不代表亲子关系无关紧要，或者不会对孩子成长有太多影响，恰恰相反，亲子关系还会影响同伴关系。

　　孩子最初与人交往的方式、情绪管理的方式和对社会的适应能力都来源于亲子关系，如果他在家里是不被重视的，被挑剔的，就可能会造成孩子的低自尊，觉得自己不够好，就会影响他的正常交往，他可能会去想办法讨好同伴或者不敢发展同伴关系。

　　而且青少年还会倾向于寻求与自己同一性进程差不多的孩子作为朋友，比如有的孩子从父母那里获得的价值信息就是自己"很不好、很差劲"，那他也会去寻找与自己被认定的角色相当的同伴。

　　一方面，青少年的家长要理解同伴关系对于孩子很重要，做到既不限制，也不过多干涉。另一方面，亲子沟通仍然是孩子成长中非常重要的事情，要做到既不控制，又不忽视。

## 五、孩子说"凭什么"，叫板的是你的权威吗？

在与青春期孩子沟通的过程当中，你时时刻刻能够感受到叛逆和对抗。青春期的巨浪席卷过的家庭，一切面目全非。很多父母会因此既愤怒又伤心，认为孩子的叛逆和对抗都是针对父母而来。

其实，青少年只是想寻求独立，并非想与全世界为敌。

然而很多父母仍然会感受到一种巨大的压力，尤其是自己作为父母的权威正在极大地被威胁。其实往往受到的"权威失去"威胁的仅仅是"权力影响力"部分而已，也就是以前很多家长更多以"我是你父母"的身份和权力来行使影响力，他们只需要说一句"不行"，不需要任何理由，孩子就只能心不甘情不愿地服从。而当孩子到了青春期，这种方式显然不起作用了。

但父母大可不必焦虑，因为还有"非权力影响力"，父母的权威仍然在，而且这种权威根本不需要与孩子在争夺权力的层面发生冲突，只需要掌握规律、调整方式，父母和孩子之间仍然有大把可以合作的机会。

## 权力影响力与非权力影响力

影响力是用一种别人乐于接受的方式，改变他人的思想和行动的能力。影响力有两种，一种是权力性影响力，另一种是非权力性影响力。

1.权力性影响力又称为强制性影响力，它主要源于法律、职位、习惯、武力等。权力性影响力对人的影响带有强迫性、不可抗拒性，它是通过外推力的方式发挥作用。在这种方式作用下，权力性影响力对人的心理和行为的激励是有限的。

代表人物：张飞。在历史故事中，一代枭雄张飞的死因是，他认为属下抗命，痛打属下，还下令威胁说如果第二天完不成任务，就会杀掉他们。于是下属怀恨在心，半夜将张飞杀害。

2.与权力性影响力相对的另一种影响力是非权力性影响力，也称非强制性影响力，它主要来源于领导者个人的人格魅力，来源于领导者与被领导者之间的相互感召和相互信赖。

代表人物：邓布利多校长。在小说《哈利·波特》中，邓布利多校长德高望重，是一位仁慈、温和、拥有绝佳洞察力的人，他了解并尊重每一个人，他没有惩罚犯夜禁的哈利，而是如朋友般劝诫，他还为11岁的卢平保守了一个最大的秘密。他为孩子们创造机会让他们明白"决定一个人命运的不是他的能力，而是他的选择"。

## 六、"你这样下去怎么得了"的预言会成真吗？

青春期孩子很多表现都会让父母担心"以后他就这样下去可怎么办"。比如奇怪的着装、与同伴不靠谱的行为、与父母的对抗、情绪的冲动、懒散的作风、以自我为中心、不参与家庭活动、看上去没有责任感等。

一方面，父母需要分辨哪些其实仅仅是因为孩子的决定跟父母不一样，让父母更感受到他向自己的权威发起了挑战，所以父母担心这种状况会持续。比如他的穿衣风格跟父母的推荐迥异，比如他拒绝父母一起去打羽毛球的邀请，这些虽然会给父母带来暂时的烦恼，但是如果不影响安全、健康以及未来发展，接纳孩子可以有不一样的决定，会让父母和孩子彼此都松一口气。

另一方面，有一些让父母担心的事情会随着孩子的成长而发生变化。事实上很多"隧道期"的特征并不会被带出隧道。即使在"隧道期"，随着孩子年龄的增长，他们的表现也会更成熟。比如10~14岁的孩子可能会为了反对父母而反对；但是15~18岁的孩子会在对抗中增加思考；而到了高三阶段的孩子，如果之前的进程良好，那么这个时候会呈现出独立成熟的状态，他不需要用反对父母来证明自己的独立，当然也不会因为父母的权威而勉强认同。

如果在"隧道期"能够建立起支持性的亲子关系，那么孩子就会在"隧道期"结束时，重新认同家庭价值观。而如果在"隧道期"孩子经历的是被控制、被否定，那么也有可能被"卡"在这个阶段，那父母和孩子都将要花费更长的时间去走出"隧道期"。

正如绘本《小怪兽》所展示出来的隐喻一样，每个年龄阶段都有"怪兽"的表现，接纳会让他更顺畅度过，直到他不再是怪兽的样子回归家庭，而那时候，父母可能变成了"老怪兽"。

 练习：我的 13 岁与 30 岁

父母可以尝试书写自己 13 岁时候的样子，以及自己 30 岁时在同样的能力上或同类事情的处理方式，有什么不同？体会一下其中的差异，正是"隧道期"的价值所在，这些都是父母和孩子在"隧道期"的必修课，而不是孩子一开始就具备的。

完成这个书写，父母会对孩子多一分理解和接纳。

**举例：**我 13 岁的时候，爸爸帮我剪头发，结果很不满意，我会哭闹发脾气，把剪子扔到门外。

我 30 岁的时候，理发师把我的发型搞砸了，我第二天会去跟他沟通如何补救，或者顺便换个新发型。

有价值的差异：与情绪相处的能力和解决问题的能力。

| 我的 13 岁 | 我的 30 岁 | 有价值的差异 |
|---|---|---|
| 1._____ | _____ | _____ |
| 2._____ | _____ | _____ |
| 3._____ | _____ | _____ |
| 4._____ | _____ | _____ |

## 第三节　秒辨青春期亲子沟通卡点

### 一、"量"化亲子沟通的小工具

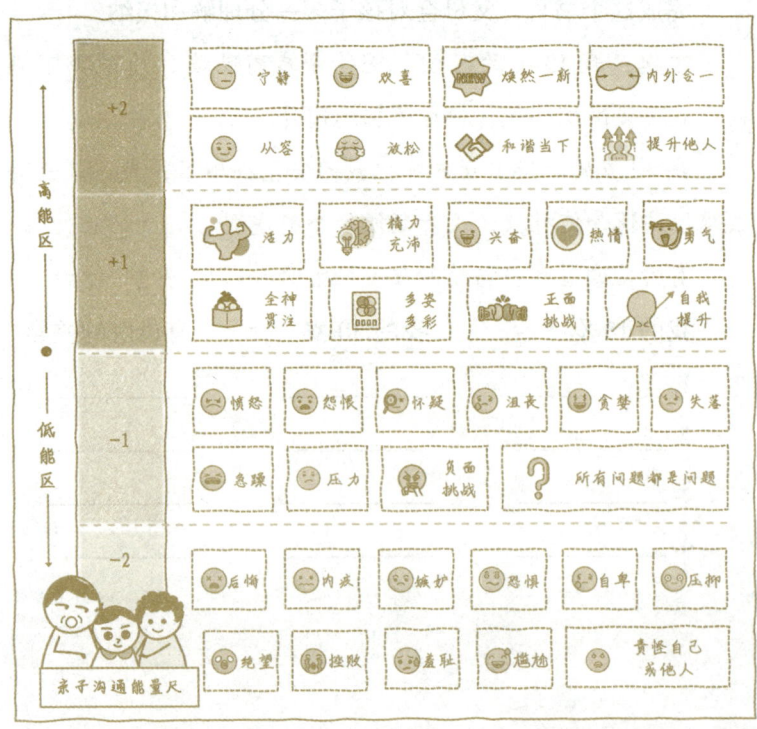

　　沟通是要架一座桥，让父母和孩子可以走进彼此的内心。可是总有一些父母，他们经常使用的沟通方式，不仅没有成为"桥"，反而成为"墙"，阻隔了与孩子沟通的途径，而他们往往很难意识到，到底是哪些对话不小心制造了亲子隔阂。即使听过很多课，看过很多书，到了实际应用的时候，仍然很难把握。

　　我在这里给大家一个实用的小工具，就是"能量尺"。用"能量尺"去衡量一下父母与孩子对话方式带来的能量值，就会知道哪些方法是"桥"，哪些方法是"墙"了。能带来高能量的沟通就是"桥"，可以继续；而会导致低能量的沟通就是"墙"，需要及时叫停。

　　"能量尺"的原理可以参考美国心理学家大卫·霍金斯的能量层级理论，他认为所有存在的一切，不论是书籍、食物、水、衣服、人、动物、建筑、汽车、电影、运动、音乐等，都有一个确定的能量级，都有一定的意识水平和能量水平。

　　物理学家已经证明，这个世界上所有的固体都是由旋转的粒子组成的。这些粒子有着不同的振动频率，粒子的振动使世界呈现出目前的样子，人身也是如此。科学家已经测量过人在不同的体格和精神状态下身体的振动频率，发现人类各种不同的意识层次，都有其相对应的能量指数，人的身体会随着精神状况而有强弱的起伏。

　　语言能带来情绪的改变，而情绪的改变会削弱或提升能量。

在生活中，每个人可能都曾经体会过"低能难为"的无力感。比如说有时很想做一件事，就是做不到。很多父母常常会恨铁不成钢，觉得自己说了这么多遍，孩子就是改不了，就这么一个小小的要求，孩子怎么都做不到。此时如果只论对错，只会增加孩子的愧疚感和压力感，会让他的能量更低，更加没有力量去做这件事。不管是大人还是孩子，让他能够有力量做事的一定不是道理，而是能量。

无法做决定、对未来充满各种恐惧、安全感匮乏、特别在意别人的评价和反应等，都是低能量状态下的表现。

我把前面的能量等级图简化为亲子沟通中的一个可以随时使用的衡量工具。这个能量尺分为四个颜色区，每一个颜色区都有一些情绪、行为或状态的词语描述。

+2 高能区：宁静、感恩、从容、欢喜、放松、焕然一新、和谐当下、内外合一、提升他人。

+1 高能区：活力、精力充沛、兴奋、热情、全神贯注、多姿多彩、正面挑战、勇气、自我提升。

−1 低能区：愤怒、怨恨、怀疑、沮丧、贪婪、担忧、失落、急躁、压力、负面挑战、所有的问题都是问题。

−2 低能区：后悔、内疚、嫉妒、恐惧、自卑、压抑、绝望、挫败、羞耻、尴尬、责怪自己或他人。

下面通过几个例子来对照一下图表中的能量等级状态。

"期末考试考砸了，想去重点高中肯定没戏了，回家一定会挨骂……"——沮丧、担忧：-1 低能。

"我真没用，总也做不好这些事情！"——内疚、自卑、挫败：-2 低能。

"我想挑战一下，每天完成三组练习！"——兴奋、正面挑战：+1 高能。

"好感谢生活无处不在的惊喜！"——感恩、欢喜：+2 高能。

相信父母通过上面几组例子能够很直观地判断出哪种情况下孩子处于低能量状态，哪种情况下处于高能量状态。


## 二、用好吸引法则，青春期孩子不再难搞

**高能量会创造更多的高能量，而低能量也会制造更多的低能量。**

能量规律同样适用于成年人，当一个人处于低能量状态的时候，消极的想法就会多起来，情绪往往也会更糟，好像生活中真的是不如意事十之八九，什么事情都不顺心，就会发现自己的能量变得更低。

于是，人们可能会用购物、刷剧、吃东西的方式来宣泄，也可能会骂孩子、怨老公、恨社会，还可能会自怨自艾、自我攻击，认为自己的人生很失败。这些行为都会让人的能量更低，从而进入"低能量循环"。

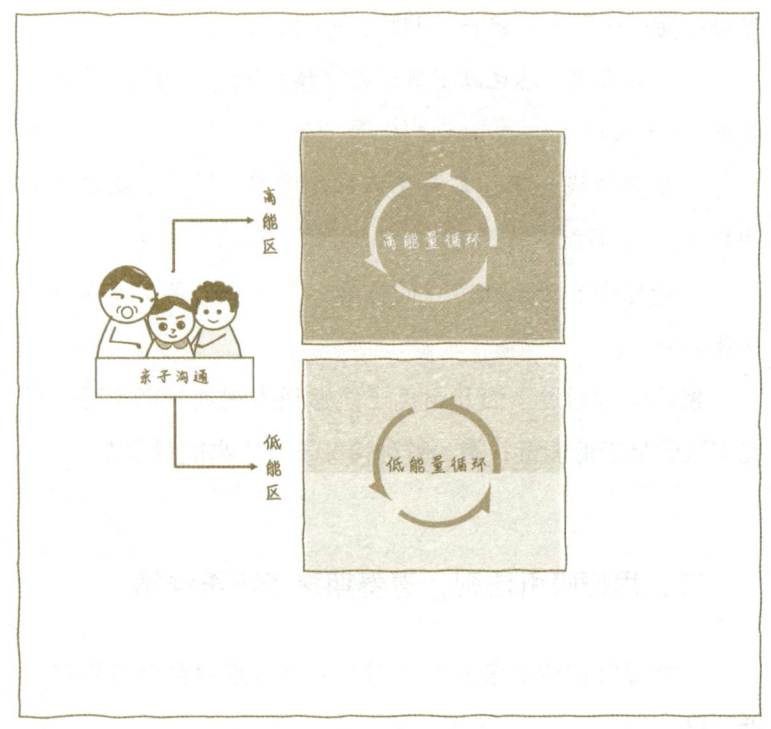

比如一位妈妈刚被老板炒了鱿鱼，回到家，孩子又递上一份 66 分的试卷，这位妈妈会是什么反应？可能暴跳如雷，也可能万念俱灰，心想，"生活怎么可以这样对我"？于是"低能量循环"就这样被启动了。

如果换一个场景，同样是这位妈妈，今天刚刚升职加薪，下雨包里有伞，停车刚好有位，回到家孩子递上一份 66 分的试卷，她又会是什么反应？她或许会说："哇，这次比上次多了 2 分呢！"或者说："这次没考好没关系，我们一起找找原因！"或者说："人生考卷千千万，这只是一时绊倒你的小石子……"这样的境遇下，是不是进入"高能量循环"的概率更高一些？

因此，能量模式是真正影响一个人的底层因素。生活中遇到的事情总会有好有坏，并不是每一次孩子的考试都能遇到父母的升职加薪，那就要看父母的能量模式是怎样的。如果父母有很多限制性思维模式，那不管遇到好事还是坏事，都有可能会进入"低能量循环"。

很多来访的家长都提到一个困惑，就是孩子明明知道这个道理，明明知道努力学习是对的，明明知道浪费时间在手机游戏上是不对的，但就是做不到。

其实成年人也是如此，比如妈妈明明知道熬夜会伤害身体，可是到了晚上就是放不下手机。爸爸明明知道抽烟有害健康，可是说好的戒烟年复一年还没开始。

皆因为此时、此事，人还没有足够的心理力量去应对。前文提到《里约大冒险》里的那只不会飞的蓝色鹦鹉，最后因为爱情的力量重振翅膀，这就是被激发，能量得以提升后完成了看似不可能完成的任务。

所以当孩子出现"知道却做不到"的时候，可以观察一下他的能量状态，以及他低能状态背后还有哪些心理需求。如果能量状态是低的，父母要接纳以他现在的状况确实没有办法把事情做好的事实，可以先停一停，给他能量回流的时间。

## 三、掌握规律，完成亲子"能量跃迁"

### 能量规律 1：连通器规律

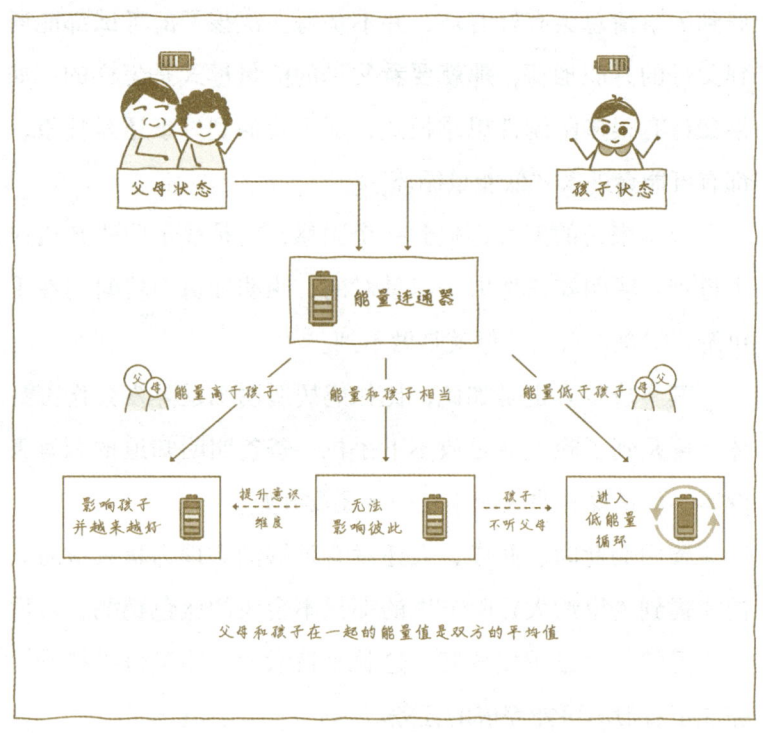

父母和孩子在一起的能量值是双方的平均值

父母和孩子在一起的能量值是双方的平均值。高能量的一方才可以产生影响力，为对方赋能。

这意味着父母的低能量会拉低亲子相处的能量平均值，而父母的高能量状态也会为亲子相处的平均能量值加分。在孩子和自己之间，父母更能有所掌握的是自己。有的父母说：

"如果我确实就是处于情绪比较糟糕的状态下，我还要强颜欢笑吗？"其实压抑自己的情绪去强颜欢笑，并不能提高能量，"压抑"的状态就是在低能量循环中。这时候"管"孩子不如"不管"，因为父母可能会把孩子拖进"低能量循环"当中。

同处在一个能量等级的人是很难影响对方的，如果父母的能量等级比孩子还低，就更加无法影响他。假如在冲突当中，父母跟孩子都处于情绪失控的状态，就更没有办法去影响他，这时候要么暂停，要么想办法调整自己，提升自己的意识维度之后再与孩子对话。如果孩子根本不愿意听父母的，很有可能是父母的能量等级比孩子还低。

所以不用管别人，先关注自己。如果父母不开心，孩子是开心不起来的。一个每天焦虑、内心压抑的妈妈一定养不出真正从内而外快乐的孩子。

如果父母处于一个比较高的能量等级中，就更容易对孩子产生影响力。如果父母处在有温度的高能量状态，即使什么都不做、不说、不提要求，孩子也会被影响，会变得越来越好。我的很多来访家长都对此深有体会，我虽然不能给家长直接解决问题，但是他们学习一段时间后，往往就能发现问题已迎刃而解。

高能量父母是家里的阳光，可以滋养孩子的成长，而低能量父母，每一句话都会让孩子的天空飘过一片乌云。

### 能量规律 2：传染规律

能量不分好坏，都是会被传染的。心理学上有一个很著名的"踢猫效应"，就是当一个人的情绪变坏时，潜意识会驱使他选择下属或无法还击的弱者去发泄。受到上司或者强者情绪攻击的人又会去寻找自己的出气筒。这样就会形成一条清晰的愤怒传递链条，最终的承受者，即"猫"，它是最弱小的群体，也是受气最多的群体。

现代工作与生活的压力都容易导致家长情绪不稳定，如果不能及时调整，就会身不由己地加入"踢猫"的队伍当中，被别人"踢"和去"踢"别人。而孩子往往处于这个"踢猫"链条中比较末端的位置，如果爸爸向妈妈抱怨，妈妈就会对孩子发泄不满。

生活中，每个人都是这个长长链条上的其中一个环节，遇到处于弱势的人，都有将愤怒转移出去的倾向。久而久之，就会形成恶性循环。好心情也一样，如果你真的爱家人、爱孩子，为什么不将好心情沿着这个链条传递下去呢？

做家庭关系的赋能者，而不是负能者；

对孩子产生影响力，而不是干扰力；

做孩子人生的贵人，而不是乌云。

# 第四节　低能对话构筑亲子之间无形的墙

　　下面我将为大家拆解几种亲子之间常见的"筑墙式"沟通方法。著名心理学家阿尔弗雷德·阿德勒说："所有地狱之路都是好的意图铺出来的。"

　　下面这些方法之所以经常被使用，是因为很多父母认为这样可能对孩子好。但这些方法不仅让他们与孩子无法沟通，还会引起孩子反抗、叛逆、冲突，成为孩子头顶挥之不去的乌云，导致孩子的能量值不断降低。

## 一、"我已经说过一百遍了"——唠叨：彻底堵住对话通道

　　美国著名作家马克·吐温讲述过这样一件他亲身经历的事情。一次，他去听一个牧师的募捐演讲。最初，马克·吐温被牧师妙语连珠的演讲所吸引，对这个牧师精彩的演讲暗自喝彩，钦佩不已。这让马克·吐温很感动，因为教堂中的牧师很

少有如此精彩的演讲，于是他准备为这个教堂双倍捐款。

过了十几分钟，这个牧师还在讲，而且没有结束的迹象，而且他所讲的内容已经不再让人有耳目一新的感觉了，因为牧师在不停地重复之前讲的内容，马克·吐温慢慢地有些不耐烦了，于是他决定只把口袋里面的零钱捐出来。

又过了十几分钟，牧师的演讲仍没有结束，还在絮絮叨叨地讲个不停，把他前面讲过的东西翻来覆去地讲，没完没了，整个演讲已经是枯燥无味，废话连篇。但这个牧师在台上仍然讲得津津有味，下面的马克·吐温听得怒火中烧，恨不得冲上去把他轰下来，让他彻底闭嘴。马克·吐温决定，一分钱都不捐了。

又经过一番长久忍耐，演讲终于结束了，开始募捐的时候，马克·吐温真的分文未捐，愤而离去。

这种强调过多、过细、过强，时间过久而引起的让人心理极度不耐烦，最后变成反抗或者对抗的现象被称为"超限现象"。

父母如果把唠叨变成日常，内容再正确也会变得没有意义，经常被唠叨的孩子，就会对此免疫甚至产生对抗。我们都要学会用恰到好处的提醒代替长篇大论的唠叨，让孩子处于想捐款2倍的状态，而不是唠叨到最后孩子早已厌烦至极。

研究发现，爱唠叨往往是源自一个人过于自恋的心理，认为自己什么都懂，什么都对。对方只要不按照他的标准去做就是错的，就应该被唠叨。更可怕的是，有的人还会强行要对方表态，保证以后不再犯，或者让其如何改正。这样的沟通方法在与青春期孩子沟通的过程中，一定会遭遇障碍。

父母经常唠叨的内容多数都是指责与批评，有时候还可能会不经意地挖苦孩子，让孩子感到厌烦、情绪低落，从而失去做事情的热情和信心。

如果家长唠叨了 100 遍，孩子得到的是：

100 遍的不满——我很不好，总是让你不满意！

100 遍的不信任——如果你不唠叨我，我就会出错！

100 次的想要逃离——又被抓小辫子了，真想不要见到他！

100 次的乌云压顶——几乎每一次都是父母情绪失控的开始！

父母的唠叨是一堵墙，堵住了亲子沟通的通道，让孩子彻底失去与父母沟通的愿望。

> 用能量尺来量一下，当一个孩子被唠叨时，他的能量区域____

虽然父母特别希望把自己的人生经验全部都给孩子，特别希望孩子不要再重复自己犯过的错误，但是每个人的人生之路都要亲自走一遍，如果只是寻着别人的脚印，去过别人的生活，他也失去了来到这个世界的价值。比起犯错的成本来说，孩子失去自己体验生活机会的成本更高，因为犯错，他只是犯了一个错误，同时也收获了经验，而如果失去体验的机会，孩子失去的是自我。

## 二、"你从来都没认真过"——否定：孩子偏就做不好给你看

每一个人都生活在关系里，每一个人的成长都是在重要关系的对话中，不断完成对自己的确认。一直到青春期，孩子自我确认的过程会基本得到完成。

当孩子从重要关系的交互中获得的信息是肯定的，如果这个信息一次又一次地以各种形式被重复，这份确认就会成为孩子内心的笃定，不会轻易被困难和挫折动摇。

如果孩子从重要关系的交互中获得的信息是否定的，假如这个信息一次又一次地以各种形式被重复，这就会成为孩子内心确信不疑的限制，他会认为"我这么糟糕的人，怎么可能把事情做好呢""失败对我来说太正常不过了"。

可能有的父母会说："我只是提醒他正视自己的毛病，尽量改掉这些毛病，并不想让他认为自己不好呀！"心理学上有一个"粉红色大象"效应，比如我现在说"不要去想一头粉红色的大象"，人们反而满脑子都是一头很奇葩的粉红色大象。因为我表达的关注点就是在"粉红色大象"上。不管你前面是否加了"不要""不要犯这个毛病"，其实跟"犯这个毛病"产生的效应并没有任何区别。

如果父母总是对孩子说"你从来都没认真过"，孩子偏偏就会马虎给你看看，这不是他故意对着干，而是他被父母催眠了。一个被催眠了的"毛手毛脚"的孩子，拿起东西就会打翻，因为"这样才正常啊，我妈说的，一定不会错"。

每一位父母都希望孩子能够有面对困境的信心，但有时却吝于给孩子面对困难的勇气。

威尔·史密斯主演的电影《当幸福来敲门》中有个片段，父亲在最穷困潦倒的时候，还鼓励儿子说："如果你有梦想的话，就要去捍卫它。如果你有梦想的话，就要去努力实现。别让别人告诉你你成不了才，即使是我也不可以。"这部电影取材自真实故事，主角是美国黑人投资专家克里斯·加德纳。正是由于他有这样的信念，才能在破产、失业等各种困境下一步步走出来。

父母是选择做孩子的太阳，还是做孩子的乌云呢？

用能量尺来量一下，当一个孩子被否定时，他的能量区域＿＿＿＿

## 三、"你再不……我可要"——威胁：促使孩子将对抗坚持到底

家长的"威胁"，在孩子小的时候可能是一个立竿见影、即时见效的好方法。"你再哭，我就不要你了！""你再不听话，我可要揍你了！"这时孩子往往就会马上乖乖听从，即使心里有一万个不愿意。但是对于青少年，他们就没那么容易被威胁了，这一招开始变得不起作用，并且很有可能会引发孩子的对抗或叫板，"来呀，你打我呀！"这种撺火的沟通随时能让家里变成硝烟四起的战场。

　　威胁是管教严重失控的体现。这其实是父母在告诉孩子，"我实在没有别的办法来应对我们之间的问题了"。

　　父母可能会认为"这孩子太难沟通，一言不合，就跟我叫板，真是反了天了"。

　　我很能理解父母在跟孩子沟通无果时深深的无力感和挫败感，但是我们还是要引导亲子关系向着更好的方向发展。

　　先来看一下"威胁"对孩子来说意味着什么。不管对于多大的孩子而言，威胁都是在培养"匮乏感"，"你做不到、做不好，就会失去，对于你来说没有什么是无条件的，所有的一切都是需要用你良好的表现来交换的。如果你做不好，就不配拥有父母的爱，如果你做不到，就会失去父母的爱"。

　　孩子作为家庭中的一员，却没有安全感，因为自由、父母的爱、想要的东西好像都不属于他，好像都会随时离他而去。孩子要么拼命"讨好"去换取，要么就否定自己，认为自己不配拥有。

　　而在青春期的孩子，可能会认为"如果你不愿意给就拿回去好了"，所以在面对威胁，与父母发生冲突的时候，很少有孩子会做出伤害父母的事情，但他们会去伤害自己，这其实就是在告诉你：我不配拥有这一切，我把这些都还给你，反正我是你生的，你想怎样就怎样！

　　父母想要的是孩子的妥协，孩子想要的是能够掌控自己人生的权利，而不是要面对那么多不确定的爱、不确定的"施舍"。

还有一种空洞的威胁会让孩子蔑视父母的权威。小时候父母跟他说："再不好好吃，以后永远都别吃饭了！"长大了父母跟他说："不好好学习，你就只能去睡大街！"时间长了，孩子会把父母说的话不当回事。而孩子越表现得不在乎，父母就越恼火，于是威胁就会升级，而孩子对此也会更加感到无所谓，直到有一天他选择对抗。其实，亲子之间的战斗，不管谁赢谁输，都是两败俱伤。

> 用能量尺来量一下，当一个孩子被威胁时，他的能量区域____

## 四、"你跟谁出去玩了？"——盘问：孩子说谎的触发器

当孩子不再是那个要跟父母手拉手才可以过马路的小孩，他围着父母转的半径就会越来越大。从小时候"妈妈，我可以去找××玩吗？"的请示，到"我跟同学去看电影了"的礼节性告知，再到"我出去一下"的模糊告知。

很多父母会忍不住盘问："你跟谁出去玩了？都去哪里了？干什么了？"随着父母盘问次数的增多，就会发现孩子的回答越来越不耐烦，甚至会变得越来越远离事实。

得不到真相的父母就会更加焦虑、紧张。

结果就是，一个更想逃离这个半径，一个更想缩小这个半径。于是拉扯和对抗不可避免地发生了，在双方角力的过

程当中，会让孩子离父母更远。比如他会用更晚回来的方式，尝试更多父母限制的事情来做对抗。

大多数父母的困惑和委屈在于：如果我不管不问，孩子学坏了怎么办？在孩子人生中这么关键的时刻，我怎能袖手旁观，看着他走下坡路呢？

之所以盘问孩子，父母想要表达的是关切之心，而孩子感受到的是什么？是不放心、不信任，还有干涉。而对于青春期孩子来说，这几点都是他们最重要的、想要向世界表明的立场，"我已经长大了，我不需要被过度照顾，我是一个值得被信任的人，我有自主决定的权利，不愿意被干涉、被束缚"。当父母盘问的时候，无疑是在抢走孩子的这几个"宝贝"。孩子在捍卫自己的"宝贝"的时候，就很可能会采用撒谎、掩饰的办法，而且可能因捍卫过度，变成逆反，"你不让我做的事情我偏要去做"。

这种不信任是一种否定，就好像在告诉孩子："如果没有我们的监管，你就没有办法管好自己，你就会变坏、会变得很糟糕。"

美国心理学博士、亲子沟通之父海姆·吉诺特博士说："孩子的感觉与行为之间有着直接的联系，好的感觉会引发好的行为，孩子的感觉良好，自然会通情达理。"

当一个孩子走出家门的时候，如果处于低能量状态，那么他接下来进入低能量循环的可能性会更大。反之，如果孩子走出家门的时候，得到的是父母大大的拥抱和信任的眼光，孩子接下来的时光在高能量循环的机会就会更多。父母总有一天会无法像之前一样，对孩子一切动向、活动、朋友都了如指掌，他终将走向一个父母不确知的世界，但是可以确定的是，当他不再花精力与父母对抗的时候，当他不再觉得自己很糟糕的时候，也就会对自己的行为有更恰当的管理。

> 用能量尺来量一下，当一个孩子被盘问时，他的能量区域＿＿＿＿

## 五、"你要多向 ×× 学习"——比较：中伤孩子价值感的利刃

父母口中"别人家的孩子"，已成为很多孩子成长过程中最讨厌的人。

比较就是时刻提醒孩子"你做得不好，你做到的都毫无价值，你没有的才真正重要"。

比较的对象通常有三种，第一种最常见的是与身边的人比，比如亲戚、邻居、同学；第二种是比较对象距离较远，如电影里的主人公或者别人虚构出来的"有的孩子"；第三种可能很容易被忽视，就是跟孩子小时候比。很多父母会认为小时候的他也是他，说他小时候好，不是也在夸他吗？但是孩子接收到的信息可能是"我越来越不好，越来越让父母失望"，毕竟当下的他才是真正的他。

不管是怎样的比较，都会让孩子产生价值感匮乏。

还有一种爱子心切式的"比较"，就是夸孩子比别人好。那是不是反过来比较就会让孩子能量高起来呢？"比"字两把刀，不管是朝向哪一边，其实对孩子来说都是伤害。

开始时，孩子或许会因此获得一点优越感，感觉也会很有能量，但是这是虚假的能量。比如说"这次你超过××了，你太棒了""他们都没有你做得好，这次比赛你得分最多"。可是以后一旦某一次考试没有对方考得好，没有对方得分多，那孩子的优越感和积蓄的能量就会瞬间坍塌。当时对别人有多少的鄙视、不屑，现在就会同样地回到孩子身上。而且喜欢跟别人比较的人，情绪容易不稳定，起伏很大，像是在坐过山车，忽高忽低。时而因为比较而获得一些虚假的满足感，时而因为比较而又跌到情绪的谷底。

不管哪一种比较，都是把自己的价值捆绑在别人身上，有捆绑就会不自由，别人的变化很大又无法控制，那么就会引起更多的无力感。

> 用能量尺来量一下，当一个孩子被比较时，他的能量区域____

# 第二章

# 清障：
# 拆墙建桥，与青春期孩子这样对话

父母与青少年孩子之间经历的可能是假沟通？有爱流动的对话才能实现真正的沟通，通过简单三步骤就可检验出亲子之间是否是有效对话。本章通过日常、情绪、学习与交往三大场景、九个典型案例，总结出有效对话的具体方法。

# 第一节　你们的谈话可能是假沟通

## 一、让爱在沟通轮中转动起来

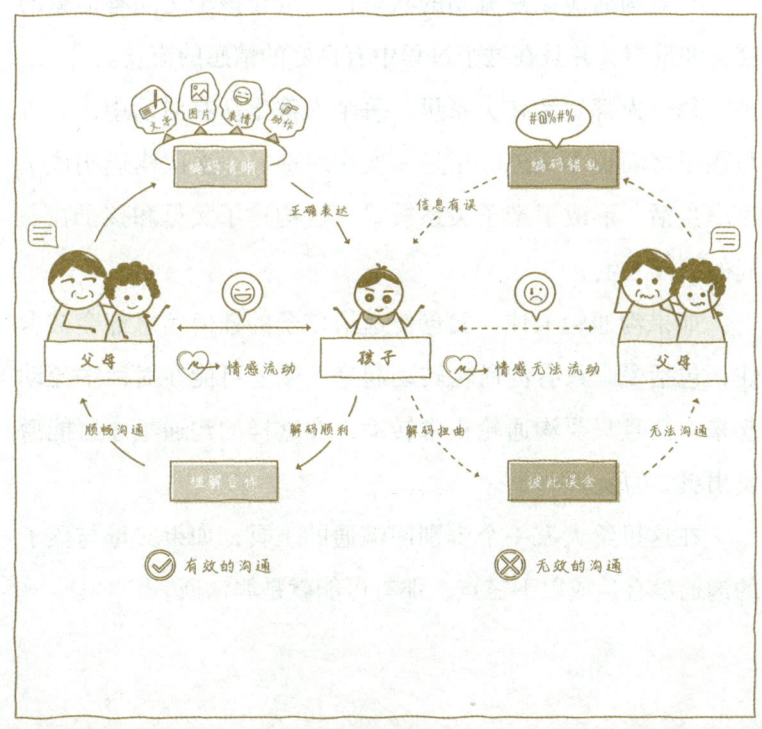

说到与孩子陪伴与沟通，很多父母都会觉得很委屈，认为"我真的有陪伴呀，可是他把门都关上了""我真的有沟通啊，可是他什么都不跟我说"。其实父母与孩子的很多沟通都不是真的沟通，只有沟通之名，无沟通之实，或者是假沟通，在伤害孩子而不自知。

什么才是有效沟通？怎样才能分辨你们当下的对话是不是假沟通？

沟通是通过语言或其他形式，如文字、图片、动作、表情，将一方的信息、意见、态度、知识、观念乃至情感，传达给另一方，对方接收并有所反馈的过程。

有效沟通应该是流动的状态，父母与孩子之间有信息的交互和反馈，并且在这个过程中有良好的情感的流动。

每个人都生活在关系里，每个人都生活在对话中，父母与孩子之间也不例外。正是一次次对话、一次次沟通构成了家庭生活，形成了亲子关系模式，也构建了父母和孩子在一起的那段人生。

如果沟通轮卡住，父母传递给孩子的任何信息都会被卡住，包括爱。只有沟通轮转动起来，爱才可能在对话中流动起来，而且只要沟通轮正常转动，在这样的沟通里才可能激发出更多的爱。

在这里给大家一个辨别假沟通的工具，如果父母与孩子的沟通没有达成以下三点，那有可能就是假沟通。

---

**验"假"机**

1. 有没有达到沟通目标。

2. 有没有让亲子关系变得更好。

3. 有没有让沟通轮转动起来。

---

比如你与孩子本来要沟通手机的使用问题，结果两个人吵了一架，手机也摔了。那既没有达成沟通目标，也没有让关系变得更好，沟通轮卡住了，这就不是有效沟通。

## 二、"骂也是为你好！"爱为何会面目狰狞

一位儿童心理学家说："好父母嘴上都有一条拉链，从不对孩子随心所欲地说话。"

一个人对领导说话会斟酌利害，对朋友说话会照顾对方感受，甚至对陌生人说话都会注意自己的措辞。可是当一个人对自己的孩子说话的时候，却常常随心所欲、张口就来、不假思索，最后，看着孩子沮丧、哭泣、恐惧或者难过的样子，还会补充一句"我这都是为了你好"！

"为你好"变成了大人毫无顾忌伤害孩子的挡箭牌。

"这么简单的题目还要想这么久！你脑袋是干吗用的？"

"都这么大了，还为这点小事生气，真没出息！"

"我说什么来着？你这么做就是不行，看看，尝到苦头了吧！"

电视节目《超级演说家》中的赖佩霞说过一句话："你满嘴是爱，但为何却面目狰狞？"打骂、数落、责备甚至羞辱，这就是爱的模样吗？当孩子用同样的方式"爱"他的兄弟姐妹，或者"爱"父母的时候，父母能接受吗？

那真相是什么？很多父母并不是为了孩子好，只是因为孩子是弱者，是能够去施虐的对象，他在家里无处可逃，只能听父母说，所以可以任由父母发泄自己的情绪和不满，以及证明自己"对"的机会。这是很多父母内心未被疗愈的部分在向孩子攫取。所以，当孩子长大了，有能力挣脱、反抗的时候，他会对父母这种爱的方式说"不"，有的还会离家出走，逃离父母的控制。

用验"假"机来检验一下这类沟通是不是真的沟通呢？

---

**检验一下，这样的沟通是真是假**

**沟通目标：**帮助孩子掌握题目，让孩子能够积累解决相似题目的经验。

沟通1："你怎么这么笨！这么简单的题目还要想这么久？！"

**目标达成___X___**

**关系更好___X___**

**沟通轮流动___X___（假沟通）**

沟通2："这种题目很有隐蔽性，不容易看到数量之间的关系，我看到你已经找到其中的一组了，再仔细想想还有没有更多？"

**目标达成___√___**

**关系更好___√___**

**沟通轮流动___√___（真沟通）**

　　以"沟通1"为例，当一位家长说孩子"你怎么这么笨"之前，他想要沟通的目的是什么？是帮助孩子掌握这道题目，让孩子能够在相似题目的解决上积累经验。那么当他说出"你怎么这么笨"的时候，沟通是不是已经偏离了目标？他想要达成的目标，已经被羞辱孩子、发泄自己的不满情绪而取代。

　　对于孩子来说，这样的沟通会让他们感到被羞辱，觉得自己很糟糕，在这样的情绪状态下，他们也没有办法继续正常思考了。毫无疑问，亲子关系也越来越疏远，孩子此时恨不得在父母眼前消失才好，沟通轮自然也无法转动。所以，是假沟通。

　　检验之后会发现，这样的沟通三条标准都没有达到。

　　如果换成"沟通2"的方式，"这种题目很有隐蔽性，不容易看到数量之间的关系，我看到你已经找到其中的一组了，再仔细想想还有没有更多？"这样的沟通是不是贴合父母的目标？这样的沟通就是在帮助孩子掌握题目，让孩子能够积累解决相似题目的经验。在沟通过程中，父母没有加入自己的情绪，没有表达不满、指责和批评，因此孩子的感觉是良好的，父母与孩子保持了良好的沟通状态，并且可以促进沟通轮转动起来。这样的沟通才是真沟通。

　　父母要清晰沟通目标，假如沟通已经偏离了目标，要及时对自己喊停。当自己的情绪不好的时候，并不是表达越多越好，闭嘴才能停止伤害。

　　语言暴力是亲子关系的"黑洞"，对孩子的伤害和影响远比肢体暴力更严重。这样的沟通会让孩子产生无能感，甚至报复心。经常在语言暴力环境下成长的孩子性格会存在缺陷，变得自卑、冷漠、怀疑、孤僻，甚至具有暴力倾向。

## 三、句句都是结束语的空心对话，错失联结

很多青少年的父母都曾遭遇过试图与孩子沟通，但是几乎每句话都走向聊不下去的零沟通。

所以，有的时候亲子对话虽然是进行了，却无法实现沟通轮的转动，仍然是假沟通。常见情形有以下几种：

### 1. 孩子对家长的无声抗拒

对话一：

父母："中午在学校吃得怎么样？"孩子："就那样。"

对话二：

父母："今天的电影好看吗？"孩子："还行。"

对话三：

父母："马上就要期末考试了，好好准备，争取考出好成绩！"孩子："知道了。"

对话四：

父母："你什么时候去写作业？"孩子："快了！"

对话五：

父母："你跟同学打个电话说个没完，怎么跟我说话就像发电报呀？"孩子："烦死了！"

......

著名心理学家海姆·吉诺特博士在《父母与少年》一书里提到，"作为父母，人们的需求就是被别人需要；作为青少年，他们的需求就是不再需要父母。这种冲突真实地存在着，在父母帮助自己最爱的孩子走向独立的每一天都在不断地经历它"。

在青春期到来之前，父母参与了孩子的大部分生活，孩子的一举一动都是父母心里的牵挂。而青少年似乎对父母无微不至的关怀越来越不耐烦，甚至是抗拒。

**2. 说了也没用的"放弃沟通"**

父母："这个书桌你喜欢吗？"孩子："还好。"

父母："你喜欢黄色还是蓝色？"孩子："随便。"

父母："到底哪一个？"孩子："你定吧。"

如果在以往的亲子沟通中，父母总是用强势控制局面，想办法说服孩子认同自己的想法，孩子的意见和想法总是得不到尊重，就可能会出现这样的情况。孩子会认为，"我的观点有用吗，你们也不听，说了也白说"。

对话一：

孩子："这些题目太难了！"父母："难什么呀，全国的学生不都是这么学的吗？"

对话二：

孩子："我不想参加演讲比赛，没意思！"父母："怎么就没意思呢？这是非常好的锻炼机会呀，错过了多可惜！"

父母常常以自己的经验，或者更合乎情理为由，而否定孩子，这就给孩子积累了消极的沟通经验，那就是"说了也没用，不如不说"。

### 3. 父母的目的性昭然若揭

如果父母跟孩子的沟通中，三句话不离学习或其他要求，他们早就摸清了父母的套路，心想，"你接下来还不是要说这个嘛"，甚至父母说上句，孩子心里都已经能猜出下句了。所以根本没有想要跟父母沟通的愿望，甚至会想着早早结束对话，找个借口上厕所或者岔开话题。

### 4. "你的话让我没法接"

有一次我尝试跟孩子聊一个话题，聊了半天都是我在说，郁闷不已的我问他："你怎么不回答呢？"儿子很无奈地看了看我说："你的话让我没法接。"

我马上停下来回忆之前的话，原来在我说的话中透出了抱怨，而抱怨式的沟通往往让话题无法继续。

"我花费了这么多心思给你做午餐，你连尝都没尝一口。"

"你就没有考虑一下妈妈的感受吗？"

"你什么时候才能成熟一点？"

### 5. 父母只说自己想说的

父母常常会有很多"知心话"想要传递给孩子，可是往往陷入父母口若悬河，孩子一言不发的单向沟通的窘境。沟通不是父母只顾说自己想要说的，把自己认为"对的"话说完就完成了。

最常见的亲子之间的单向沟通往往是以命令、说教、建议或讲道理的方式呈现的。

"我跟你说，这样的学习方法是不行的，效率太低了，你应该……"

"说了多少遍了，放学回家先写作业，怎么总是做不到呢？"

"你都 13 岁了，不是小孩子了，这些道理要能够明白。"

这样的沟通的结果往往就是"沟"而未"通"，达不到沟通的目的，没有办法让孩子在沟通中获益，而且还会堵住父母与孩子沟通的通道。沟通的意义在于孩子的回应，这是因为只有当孩子有反应的时候，沟通轮才能真正转动起来，沟通才能很好地进行。

### 6. 你的敷衍我看得见

即使青春期孩子很叛逆，但他也一定在很多时候是愿意跟父母沟通的，可是当孩子与父母沟通时，父母是否给了足够的重视呢？

有时候你可能正在忙，于是说："行，你定就好了！"

可能你正在回同事的微信，于是说："我现在没空，你看看办！"

或者你对孩子的话题完全不感兴趣，只敷衍说："嗯，啊，知道了！快去写作业吧！"

所以当孩子用"电报语"回应父母的时候，父母也要反思一下，在过往与孩子沟通的时候，有没有出现过上面的不走心的情况？

孩子在用"电报语"告诉父母："我的敷衍其实是跟你学的。"敷衍对话方式会让父母错失与孩子联结的机会，长此以往，孩子不仅失去了与父母沟通的愿望，而且也习得了父母的敷衍态度。

**检验一下，这样的沟通是真是假**
目标达成_____ 关系更好_____ 沟通轮流动_____

## 第二节　有效对话场景一：日常

### 一、孩子的房门父母敲不开，学会"拉链原则"

**【普遍版】**

妈妈开心地对刚放学的孩子打招呼："放学回来啦！"

孩子很敷衍地"嗯"了一下，回到自己房间"砰"的一声关上了门。

"关门干吗？""反正没干坏事！"

妈妈端着一盘水果敲门说："给你吃水果吧。"

他开个门缝，接过水果，关门。或者直接说："不吃，别烦了！"

傍晚爸爸来敲门说："下楼去散步吧？"

"没意思，我不去！"

**【冲突版】**

"你怎么整天关门呢？""我关门碍着你们什么事了？"🪔

"怎么跟大人说话呢！""我说错了吗？"🪔🪔

"你给我出来！"孩子怒气冲冲地开门："想干吗呀，烦死了！"🪔🪔🪔

"没事就别关门！""我连关门的自由都没有了！我在这个家里还有什么意思！"🪔🪔🪔🪔

**【暴力版】**

"开门！""什么事！"🪔

"总关门，有什么见不得人的！""真无聊！"🪔🪔

"你说谁无聊呢！你出来说清楚！""我啥也没干，信不信由你！"🪔🪔🪔

"你还反天了呢！"拆门、撬锁……🪔🪔🪔🪔

孩子到了青春期不约而同地会有一个共同的行为，就是关门或锁门。放学回家第一件事就是把自己锁在房间，跟父母说话时一言不合就把父母关在门外。

"关门"对于孩子来说，跟小狮子到了一定年龄会撒尿圈地盘一样自然而然。这是在空间上拉开与父母的距离，以此来确认自己的长大和独立，同时他也更加关注自己的隐私，不希望自己像透明人一样让别人乃至父母一览无余。

而父母感受到的是一扇冰冷的门，以及生生被拒绝后的火冒三丈。

不要小看这一扇门，好多家长向我求助咨询都是因为某一次的"关门事件"没有处理好，导致冲突急剧升级。

孩子之所以会对抗，是因为很多父母在这件事情上旗帜鲜明地跟孩子站在对立面上了，这是"我要关门"和"不许关门"的权利之争。如果父母简单粗暴地使用"权力影响力"踢开了门，撬开了锁，父母一时的怒气发泄了，但是孩子会走向进一步愤怒的巅峰，并且会把心门彻底对父母关上，孩子会认为自己的尊严和自由被践踏，对自身价值产生怀疑，"我在这个家到底有什么意义""什么都要被干涉，我活着还有什么意思"。

父母这样的做法不仅严重伤害了孩子的自尊，还会把孩子从只是青春期的正常表现推向真正的叛逆。孩子会在其他事情上表明自己的态度和立场，父母希望他做的都不去做，父母不希望他做的，反而都要去做。这种叛逆的后果是父母都不愿意看到的，那时候才是真正失控，这条路一旦走远，就很难挽回。父母只图一时痛快或一时冲动而强行干涉，会让这辆在高速公路上急驶着而没有刹车的跑车，严重偏离轨道，甚至发生车祸。

与青少年沟通，父母要学会的第一件事是"拉链原则"。有一位从事家庭教育多年的老师说她在孩子14岁的那一年忍了一年多，给孩子关门的自由，不干扰，倒也相安无事。一年后，孩子走出门再度跟父母聊天。当父母明白这是孩子青春期的表现之一，就不会那么急于去干涉，因为只有顺利过渡，他走出来重归家庭才会指日可待。

"拉链原则"就是如果看到孩子不尽如人意之处，特别想说几句，但是目测一下一定是在能量尺低循环中的，那就赶紧在嘴上拉上一条拉链，如果实在忍不住还想说，就给拉链加把锁。

但管住嘴从来都不是一件容易的事情，在这里给大家一个做手势提醒的小窍门，可以用于提醒自己，也可以作为夫妻间默契的相互提醒。

步骤1：想说，拉上拉链。（手势：左手微握拳后，伸直大拇指和食指放在嘴边。）

步骤2：忍不住说，给拉链加把锁。（手势：保持上面的动作，勾一下食指，不行就再勾一下。）

这个方法虽然看上去简单，却不容易做到，一旦做到了，父母就会发现亲子关系的变化。有的家长可能会担心，"真的就这样不管他了吗"？"无为"并非"不为"，是顺应孩子这个阶段的发展需求，父母得体退出，把空间还给孩子的一个标志性改变。一起来实践吧！

在这里需要注意的是，如果孩子的房间有电脑和手机，父母需要用"非权力影响力"的方式恰当沟通，确定双方认可的合理使用的方式和时间。

## 二、孩子总是顶嘴，学会"棉花法则"

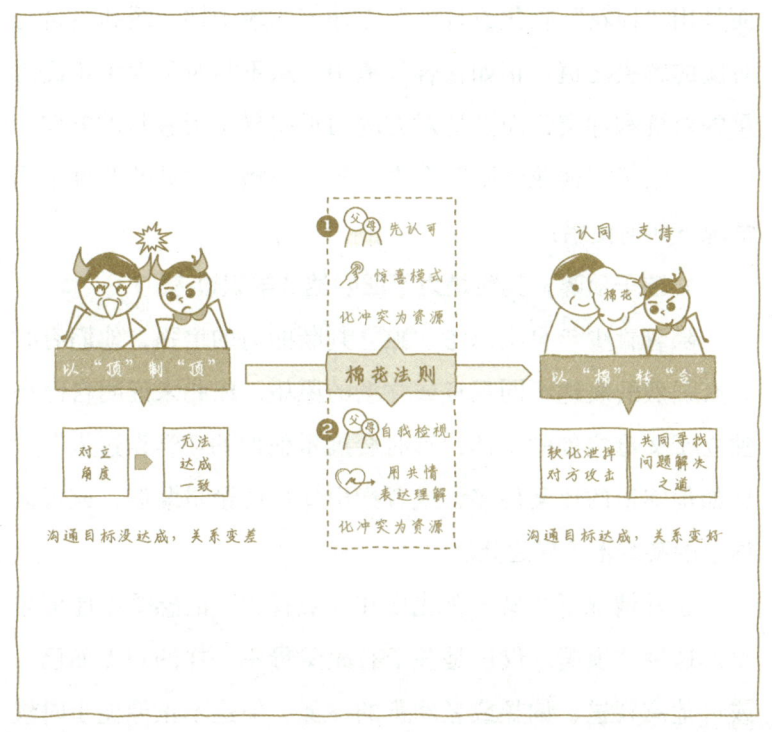

"父母说一句，孩子顶十句"，家有青少年的父母可能都会不同程度地经历过这样的场景，很多父母都会很无奈又恼火："我跟这个孩子没法好好说话，一说话就顶嘴，你说多气人吧！"

确实，当两个人站在对立的角度，是不可能达成一致的。但别忘了只有一个人的"顶嘴"是争吵不起来的，所以，需要用"棉花法则"帮父母把与青少年的冲突化"顶"为

"合"。

"棉花法则"就是在冲突当中，不以"顶"制"顶"，而是用"棉花"软化或打消对方冲撞的攻击性，缓和后再行对应的解决之道。正如在合气道中，从不与对手发生正面力量的对抗和冲突，而是把对方的力量引导至无威胁的方向。以下介绍了"棉花法则"在青少年"顶嘴"常见的两种不同情况下如何使用：

### 1. 孩子顶嘴，其实是为了证明他"学识过人"

随着青少年自主思考、独立判断能力的增强，他们有时会有强烈的表达不同观点或立场的愿望，以此来证明自己是独立于父母之外的个体，有时会展示他们的"学识过人"，比如他知道的比父母多，或者指出父母的逻辑漏洞，或者话语上的某些不严谨之处。

这种情况下，父母首先要在"被冒犯"的感受中厘清思路，这种"顶嘴"仅仅是孩子有跟父母不一样的观点而已，或许他有冒进、偏颇或者幼稚的一面，但这不正像他小时候第一次画爸爸妈妈的时候一样？笨拙可爱，画出来的模样可能非常奇怪可笑，但是父母并不会觉得被冒犯。是因为父母足够宽容，能够容纳这是孩子的表达、探索，并且看到孩子的进步："你看呀，他会画圆了！"而且还会鼓励他继续做得更好。

现在也没有什么不一样，如果父母足够宽容，就能接纳这是孩子的表达、探索，并看到他的进步："你看呀，他的思辨能力越来越好了！"同时鼓励孩子继续扩充知识。

而且，父母应该感到开心的是，一定是因为自己营造了一个安全的、开明的、可沟通的家庭氛围，孩子才会愿意表达自己，而不是三缄其口。如果孩子在表达观点的时候被打击，也只会选择趋利避害，闭口不言。更可怕的情形是孩子不敢顶撞、懒得顶撞。这样的话，亲子之间的墙会越筑越高，而孩子在未来的工作和社会交往中，可能也会变成一个不敢表达自己观点的人。

运用"棉花法则"即不管孩子的观点父母是否认同，先表达对他思考的认可，然后开启"惊喜模式"，比如"这确实也是一个很好的角度""你能够这么全面地考虑这个事情，真的是很赞"！"这个观点我没听过，你继续说，我很想听听"！当孩子收到这样的接纳和认可，他再去表达自己的观点的时候，便不会用对抗的方式，很可能会变成积极的探讨。心理学博士安格利卡·法斯说："争执能帮助儿童变得自信和独立，在对抗中他们感觉到自己受到重视，知道怎样才能贯彻自己的意志。""棉花法则"可以有效地帮助父母化冲突为资源。

### 2. 孩子顶嘴，是由与父母的沟通经验导致

20世纪德文小说家卡夫卡被称为"压抑的天才"，他的父亲总是想方设法用自己的标准来控制儿子的成长，父亲会专横地否定卡夫卡的意见，用一句"不要顶嘴"和挥拳的动作把他吓得噤若寒蝉。父亲的话语霸权过于强大，将儿子置

于弱者的地位。卡夫卡在那封 3.5 万字的长信《致父亲》中写道："我的写作都是围绕着你，我的写作不过是在哭诉我无法扑在你怀里哭诉的话。"可见，卡夫卡成人后，用很长时间来面对父亲的压抑教养方式给他造成的影响。

如果一个青少年在过去与父母的沟通中积累了很多不好的体验，比如被控制、被指责、被怼，那么极有可能在与父母的沟通中，随时竖着耳朵警惕以待，父母说一句话，他就已经准备好要保护自己，并开始反驳。比如父母说"今天作业做了没？"孩子心想，"又要说我不抓紧写作业了"，于是马上就还口："你看我闲着了吗？这么一大堆作业，不是我做的是谁做的……"

或者孩子说什么，父母经常反对、不屑或者语气不好，相当于父母教会了孩子这样的沟通方式，比如当孩子放学说："妈妈我饿了！"妈妈说："谁让你吃饭时候不好好吃，现在知道饿了？""饿了知道找你妈妈了，平时理都不理，当我透明似的！""赶紧写作业去吧！"

孩子从父母这里学会的沟通方式也会照葫芦画瓢，总有一天会用在与父母的沟通中。

气急败坏并不能让孩子更尊重父母，而"棉花法则"可以让亲子关系在冲突中重建。当父母意识到孩子是因为跟父母有对抗情绪而会有冲撞之词，一方面可以检视一下亲子关系是否出现了上一章内容中所提到的"卡点"，另一方面用共情来对孩子表达理解，比如"上了初中后作业确实多了很多呢"，当孩子的"小牛角"撞到"棉花"上，力道自然会被软化，父母的耐心和冷静是对孩子最好的身教。

孩子积极地表达自己是好事，只是表达的时候如果方式不得当就会变成顶嘴。当紧张气氛缓和之后，父母还可以与孩子探讨一下，怎样才能达成有效沟通，怎样才能达到自己的沟通目标。如果用顶嘴的方式，带来的是与父母的对立，难以达成沟通目标，而且会让亲子关系变糟糕。而有效沟通的结果，不仅可以很好地表达想要表达的内容，还能获得父母的认同和支持，亲子关系也会因此更好，那是不是一件很棒的事情呢？

"棉花法则"：以"棉"化"顶"，观点不同时宜"惊喜"，关系宜"共情"。

### 三、孩子敏感得像刺猬，学会"人事分离"的评价方式

父母："你能不能不这么邋遢呀，把房间收拾干净再写作业多好！"

孩子："你就是看我不顺眼，什么事都能让你唠叨半天！"

父母："我不就说这么一句吗？"

孩子："可是你什么事情都要说，一会儿邋遢了，一会儿磨蹭了，一会儿不负责任了，在你眼里我就没好过！"

父母："我说了吗？我不就是让你收拾房间吗？"

孩子："你说的还少吗？！"

青少年敏感得像个刺猬，说不定哪一句就会引爆这个炸药包，哪怕以前父母经常这样说，孩子都没有表现出有什么不高兴，但是一旦到了青春期，这些话却让他们听起来特别刺耳。

甚至有的家长说，"都别提与他说话了，有时候看他一眼，说不定都会看爆炸"。

青少年怎么会这么敏感呢？父母们困惑、心塞又委屈。孩子到了青春期确实会有一个"自我感受放大镜"，他会认为大家的眼睛都在看着他，如果在课堂上有一道题没有回答出来，他会觉得全班同学都在嘲笑他，会整天如芒在背；如果自己做了一件糗事，他会感觉那些扎堆说笑的同学都在谈论他是如何出丑的。同样，父母的一句话、一个眼神可能都会被孩子放大理解为对自己的不满，再加上青春期难以控制的情绪，就会特别容易成为他们情绪爆发的导火索。

虽然说这是孩子们进入青春期后共有的一个特点，但也并不意味着所有的亲子关系都会为此困扰。如果孩子的自尊水平高、自我评价良好，就不太容易被激惹。而孩子自我评价的形成在很大程度上来源于亲子沟通，如果在进入"隧道期"之前，亲子沟通是积极的、有滋养的，那么在"隧道期"即使出现一些沟通上的不畅，也会很快回到正轨上，而"人事分离"的沟通方式就非常有助于孩子形成正确的自我评价。

【情景一】妈妈回家时，发现孩子开着空调，而阳台的门却没关，就问："你怎么不关阳台的门呢？这也太败家

了！"💧

孩子可能会怎样回应？

可能会说："是妹妹出去没关门，关我什么事儿！"也可能会回嘴说："我就不关！""忘关门就败家了，你就看不上我，我走还不行吗！"💧💧💧💧

【情景二】妈妈回家时，发现孩子开着空调，而阳台的门却没关，就说："我看见阳台的门还没关。"

孩子又可能会怎样回应呢？

孩子可能会说："哦，我忘记了！"然后起身把门关上。

为什么两种场景一模一样，妈妈说的话也仅有几字之差，而沟通结果却差异这么大呢？

| 表达 | 你怎么不关门 | 我看见门没关 |
|---|---|---|
| 语气 | 恼火、责备 | 平静、尊重 |
| 关注的重点 | 对人："你"的不好 | 对事："我"看见的事情 |
| 对方的反应 | 逃避或反抗 | 去关注事情本身 |
| 对方的感受 | 我不好，低自尊 | 即使这件事情我没处理好，但是我仍然被尊重 |

**语气的差异。** 父母与孩子沟通时，是"对孩子说话"，还是"和孩子说话"很重要，前者父母的语气是高高在上的，往往以命令、责备、说教的方式来沟通，而"和孩子说话"本身在态度上就与孩子是平等的、相互尊重的。即使是同样的一句话，用不同的语气说出来，效果也会大相径庭。孩子听父母说话时一般是听语气多过听内容，而往往是父母说话

的语气刺激了孩子的不良行为。

**关注重点的差异。**上表中第一句话关注的重点是人，是责问孩子，当一个人被责问的时候，是会感受到攻击性的，人天性就懂得趋利避害，所以当他感受到威胁时，要么逃避，要么反抗。

而第二句话说的是一个事实，对谁都没有威胁的事实，没有威胁自然不需要对抗或逃避。

**对方感受的差异。**可能有的家长会说，"我只是提醒他养成良好的生活习惯"。诚然，父母的出发点是让孩子能够做得更好。可是，父母说了什么不是最重要的，最重要的是孩子听到了什么。第一句话，孩子内心会认为自己很不好，很差劲，长此以往会认为自己是个很糟糕的人，处于低自尊的状态。而后一句话，让孩子感受到的是尊重，没有指责，没有贬斥，他单纯地从这个事件当中获得的是经验，孩子不会因此给自己低评价。站在孩子的未来看，哪一句话更加有利于孩子的成长呢？肯定是第二句话。

---

**"人事分离"的沟通方式有三个要点**

1. 语气比内容更重要。
2. 用"我"替代"你"。
3. 只说"我"看到的事实。

---

"人事分离"的沟通方式会让孩子的个体感受到尊重，因为父母的语言中，没有对他这个人的评价和攻击，而是只针对事情的沟通，会让孩子更加愿意跟父母达成合作。

# 第三节　有效对话场景二：情绪

## 一、揭秘青春期孩子为何脾气大

青春期孩子就像一个行走的炸药包，说不定什么事就把他惹生气了，作业多了发脾气，题目做不好发脾气，别人弄乱他的东西也发脾气。最要命的是，父母好心来安慰他，却往往引火烧身，反惹一肚子气。

很多父母对此非常不解，"以前他可从来不这样，现在就像变了一个人，也不知道哪儿来这么大的脾气？"青春期孩子的大脑到底发生了什么变化，让他变得脾气大、难沟通？

### 1."理智脑"的发展被"情绪脑"的发展甩开了三条街

"理智脑"即为前额叶，其主要负责人的思考、理性判断、目标、计划、自控……这部分大脑要到 20~25 岁才能逐渐成熟。只有在它感到安全、情绪舒适的时候才会自然启动，否则这个信息就会被退到"情绪脑"中去处理。

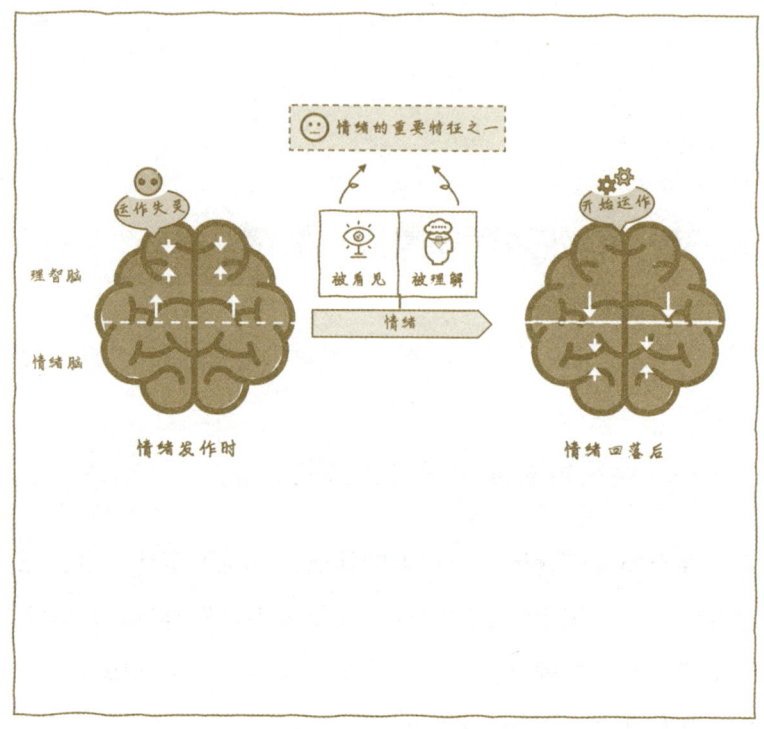

　　"情绪脑"即为边缘系统，负责情感、情绪、直觉等。当一个人感受到生气、愤怒、沮丧等情绪的时候，所有的信息就拒绝被输送到"理智脑"。而当他感受到开心、愉悦、有成就感的时候，这个信息就会得到许可，从而被输送到"理智脑"进行理智思考。

　　到了青春期，荷尔蒙使边缘系统的发展特别活跃，所以青少年的情绪起伏比较大，忽晴忽雨，然而能够控制局面的前额叶又偏偏发展得非常缓慢，所以青春期孩子易冲动、没有理性。

有一句民间俗语说"老猫不在家，耗子上房揭瓦"，这句话就特别像青春期孩子"理智脑"和"情绪脑"的状态。

这样，我们就很容易理解为什么面对同样的事情，成年人能够控制住情绪不发火，但是青少年却会在活跃的边缘系统的驱使下"原地爆炸"。

虽然青少年看上去已经长大，但大脑发展的特点却决定了，这是他一生当中最易失控的阶段，是他最迷茫不已的阶段，虽然他口口声声说"不要你管我"，甚至把父母推出门外，但这又是他成长中最需要父母理解、协助的阶段。

### 2. 误区：孩子在发火，父母来"加油"

如果我说父母经常拿着消防车的水管来给孩子火上"加油"，肯定多数父母都不会承认，"没有啊，我一开始就是来安慰他，想帮助他，结果他不仅不接受，反而冲我来劲了"！青春期的孩子敏感冲动，既渴望独立又害怕被否定，说不定哪句话就会让他们暴怒。父母最常见的一不留神就"火上加油"的沟通句式有哪些呢？

（1）"我早跟你说过……""跟你说了你又不听"——甩锅说教式

当孩子负面情绪来临的时候，父母往往考虑更多的是找出事情的起因，并试图通过说教的方式让孩子吸取教训。言下之意就是，"按照我说的做就不会出错，现在你出错了，就是因为你没有听话"！这种沟通句式的背后还隐藏着父母想要推卸责任的心，"我已经跟你说过了，你现在出错了，不关我事，都是你自己的错"！当父母说一句话就是为了证明孩子错自己对的时候，对于一个要用一切方式来证明自己已经长大的青春期孩子来说，这个信息只能停留在孩子的"情绪脑"。而孩子的"情绪脑"此刻堆积了一大堆因作业多等造成的沮丧情绪，还没办法处理好，这时父母又添加了新的处理任务，这是不是火上加油呢？

（2）"别人怎么就不会……""怎么偏偏只有你这样……"——否认比较式

父母有时会希望通过比较，让孩子能参照别人做得好的地方，从而提升自己或改正自己的不足。可问题是，被比较的孩子会怎么想呢？他们感受到的是深深的不被认可，会觉得"我总是满足不了父母的要求，你总是对我不满意"，孩子甚至会觉得自己很无能，认为自己的存在毫无价值。尤其与"怎么"这样责备的句式放在一起的时候，势必会激起他们的愤怒、对抗的情绪。

（3）"你准是……"——妄加猜测的不信任式

有时父母会猜测孩子一定是因为想玩，一定是因为懒惰才没把事情做好，当父母把这些主观的猜测说出来的同时，就等于把孩子送到了自己的对立面，因为这样的表达在孩子看来，只有三个字——不信任。父母不信任会给孩子带来什么感受呢？可能是委屈、气愤，也可能是"以后有什么事情不要跟你说，说了你也是不信任我、责怪我，认为我一定是不好的"。而孩子也无法从亲子关系中学会信任，所以很多青春期孩子在遇到被欺负、霸凌等事情的时候，并不会跟父母讲，因为讲了之后，换来的可能就是父母的不信任和责怪。

在了解了青少年情绪发展的特点和父母面对青少年情绪时常见的误区之后，我再介绍几个应对孩子负面情绪的小方法。

## 二、家有"炸药包"，父母该如何应对孩子的负面情绪

"砰！"上初一的儿子房间传来一声闷响，妈妈赶紧过去看看是怎么回事，只见儿子的书包被摔在地上，书本散了一地，而孩子气呼呼地在书桌边运着气。妈妈看到这情形屏住呼吸问："这是怎么了？"

"不用你管！"🌢

"有什么事也不能摔书包啊！"

"老师就知道留作业，留作业，到明天天亮都写不完！"🌢

"我早跟你说放学就抓紧时间写，磨磨蹭蹭到现在，写不完怪谁呀！"

"我又没怪你，多管闲事！这么多作业，八只手都写不完！"🌢🌢

"你准是惦记着等会儿没时间玩游戏了，心都没放在学习上怎么能写好？我就不信班上那么多学生个个都写不完？"

"我才没想玩游戏，你从来就不相信我！" 💧💧💧

"对，我就整天想着玩游戏，就数我最差劲，行了吧！" 💧💧💧💧

"就知道叨叨叨，走开，不用你管！" 💧💧💧💧💧

情绪在"情绪脑"产生，事情的处理却在"理智脑"，而大脑处理信息的优先级就是"情绪脑"在前，"理智脑"在后。所以当青春期孩子的负面情绪袭来的时候，要优先关注他们的情绪和感受。

释放"情绪脑"，才能顺利启动"理智脑"。

情绪在前，事情在后，两步说出孩子的感受。

第一步是同理孩子的感受，找到孩子的"情绪词"。人有什么样的想法就会说出什么样的语言，假如父母心里想的是："看看吧，就因为不听话，所以没写完作业，竟然还要发脾气！"那说出来的就会是："我早跟你说放学就应该抓紧时间写……"如果父母是站在同理孩子的角度，可能会想"他其实很想尽快把作业写完"。那问一下自己，此时此刻他内心会是什么感受呢？这就是第一步，找出孩子的"情绪词"，这些"情绪词"可能是心烦、烦躁、沮丧等。

第二步是用刚才找到的"情绪词"造句。比如"作业没有按时写完，让你觉得很心烦""我看到你刚才一直在写作业，结果还是有很多作业没完成，你觉得有些沮丧"。

如果把上面的沟通方法应用在生活当中，可能就会变成这样的对话：

"这是怎么了？"

"不用你管！"💧

"你看上去很生气，如果你愿意，跟妈妈说一说？"

"老师就知道留作业，留作业，到明天天亮都写不完！"💧

"哦，我看到你刚才一直在写作业，结果还有很多没完成，那确实挺让人沮丧的！"

"是啊，我都写了两个小时了，结果还有三张卷子没做！"💧

"嗯，那可是够心烦的！"

"毫无办法！唉！我想休息会儿再写。"

情绪有一项重要的特性就是：当被看见、被理解时，情绪"水位"就会降一半，"情绪脑"的"水位"降低之后，"理智脑"才能够运作。

情绪需要的不是被否定，而是被看见。

## 情绪词汇库

一开始很多家长可能并不习惯说感受，有时候以为自己说了感受，但事实上说的是想法。比如下面两种说法哪一种说的是感受呢？

A. 我觉得我根本做不好。

B. 我感觉很糟糕。

答案：B

A 句虽然说的是我"觉得"，但实际表达的是我"认为"，所以表达的是想法而不是感受。

B 句用的是"我感觉""我感到"这类可以表达感受的方式，并且用了"糟糕"这个"情绪词"。

为了能够更好地表达感受，家长可以有意识地积累情绪词汇库：

开心、快乐、高兴、愉快、喜悦、兴奋、欣喜、泄气、灰心、悲伤、不满、不快、失望、内疚、遗憾、沮丧、困惑、茫然、郁闷、惭愧、凄凉、孤独、难过、焦虑、愧疚、羞耻、迷茫、消沉、惶恐、愤怒、烦恼、苦恼、厌烦、愤怒、寂寞、震惊、生气、愤慨、恼火、心酸、担忧、懊悔、忐忑、恐惧、悲哀、恐慌、低落、畅快、得意、无聊、迟疑、受伤、自豪、惊讶、平静、害怕……

补充更多：

## 三、抑郁焦虑来袭，父母如何倾听才算是理解

青少年从无忧无虑的童年走来，在这个阶段前所未有地遭遇到很多成长的迷茫，难免会出现抑郁焦虑的情绪，有的孩子可能会表现得更严重。青少年时期是抑郁最高发的年龄段，他们需要父母倾听自己的心声，并给予理解。可是怎样的倾听才算是理解呢？

可能有的家长会认为"倾听这么简单的事情谁不会呀"！但事实上家长最难做到的就是倾听。更多家长都是一看到事情发生，或者看到孩子出现不好的情绪，没等孩子开口，就先把自己的观点、建议说了，甚至连情绪也发泄了出来。尤其是喜欢说教的家长，生怕孩子学不到自己的人生经验，所以会很着急地"给"。这也体现了家长的焦虑，生怕孩子出错，不敢让孩子去体验，生怕孩子受到伤害或者走弯路。而对孩子来说，最宝贵的就是他的人生体验，哪怕是沮丧的、失望的体验，这都是需要孩子完整地、畅快地去经历的。而父母需要给出的就是"允许"。

### 1. "不允许式"倾听的表现

（1）对情绪视而不见，只关注事情型

倾听，表达的是父母愿意看见孩子的情绪，在上一小节的第一组对话当中，父母和孩子都在说话，却没有人在听。父母没有听到孩子的情绪和感受，孩子也没有听到父母的建议和说教。孩子会认为父母不重视他，什么事情都比他更

重要。

（2）否认责备型

"有什么好生气的""脾气太坏了"，如果一个孩子在自己表达了情绪之后总是被否认、被责备，他会认为自己愤怒也是有错的，就会从内在否定自己，认为自己真的很糟糕，总是把事情搞砸。

（3）轻描淡写的安慰型

"就这么一点小事，别难过了""没关系，别往心里去""我相信你会好起来的"，父母说这些话，其实是想帮助孩子淡化或者消灭掉困扰他们的情绪。可是这么说了之后，孩子会认为，"对你来说当然是小事，但对我来说非常重要，你一点都不理解我"。

如果用能量尺来衡量一下，"不允许式倾听"带来的是低能量，而"允许式倾听"让倾听充满了支持的力量！

2. "允许式"倾听的方法

（1）放下评判倾听

有的父母听着听着会忍不住发表自己的看法，而这些看法当中往往就带了他们自己的评判，一旦有了评判，对话很可能就会被迫终止。即使父母没说话，他们的表情也会出卖自己的想法。比如突然生气时的眼神，比如摇头叹气，比如焦虑担忧的神情，都会表达出评判。所以听的形式不是最重要的，听的真心最可贵。

对于青少年来说，"听他说"会比"跟他说"更有价值。

如果我们站在孩子的未来看待每一次沟通，很多事情就会清晰明了。

如果父母只看到孩子眼前糟糕的情绪，可能想到的就是怎么让他尽快摆脱，那就会出现上面"不允许式"的各种做法。但是如果站在孩子的未来，父母就会想到，孩子以后可以怎样成长，可以怎样面对糟糕的情绪？这样就会很容易理解这是孩子要完成的人生功课，不是父母讲了道理就能帮助他的。孩子的倾诉过程，就是他自我梳理的过程，也是悄然自我成长的过程，很多孩子在倾诉中，就帮助自己找到了答案。所以父母在孩子倾诉时，要尽可能站在旁观者、支持者的角色，而不是参与者、评判者或施压者。比如父母可以边听边点头，"嗯，我了解"。

（2）放下手里的事情全然倾听

经常看到有的孩子跟父母讲话的时候，父母一边忙碌着一边回应，有的一边看手机一边听，孩子就会问："你有没有在听我说话呀？"父母说："听着呢，你继续说吧！"然后手里依旧忙个不停，于是孩子很恼火地说："你根本没有在听！"随后"砰"的一声把门关上了，沟通的通道就这样被切断了。长此以往，孩子就算有事情可能都会懒得跟父母讲。

放下手里的事情表达的就是："在当下，你比所有的事情都重要，所有的事情都要排在你跟我倾诉之后。"

这个动作本身就是一种支持和尊重。当父母手里实在有事情放不下，也可以跟孩子说，"你等我一分钟，我把灶火关掉"，或者"我把这个通话结束掉"。但是尽量不要等太久，比如"等我把这篇文章写完"。因为如果等太久，孩子可能就失去了想跟父母表达的意愿了。

（3）放低身体重心听

有一个成语叫作"拍案而起"，还有一个成语叫作"促膝谈心"，其实讲的就是行为与情绪的关系。促膝而坐时比较容易谈心，拍案起立时比较容易起争执。

还有一句话说"吵架的时候为什么要大声，因为心和心的距离很远，彼此听不见"。

所以，邀请孩子坐在沙发上或者一起坐在地板上，营造一个好的沟通氛围，更加有利于父母与孩子的沟通顺利进行。

听，永远是沟通的第一步。倾听不仅仅是一个动作，更是一种态度，表达了父母的尊重和允许。这是告诉孩子，人都会有情绪，有情绪是正常的，被允许的。而允许是有力量的，是在向孩子传递"妈妈愿意倾听你，愿意做你的支持"。甚至当孩子不想说的时候，父母依然可以传递这种允许，比如："发生什么事了，想跟妈妈说说吗？""等你感觉好一点，想说的时候再来跟妈妈说。"

情绪需要的不是被控制，而是被允许。

## 第四节 有效对话场景三：学习与交往

### 一、遇到困难秒变尿，父母能用"别人家的孩子"激励孩子吗？

隔壁小王考上了重点中学，你没事就跟人家多学习，多请教一下！

同样坐在教室里学习，别人能学会的你怎么就学不会？

83分，排第几名？你同桌考了多少分？

有些父母希望通过"别人家孩子"的优秀表现来激励自己的孩子好好学习，努力向上。但发现这种比较往往会招致孩子的反感，不仅如此，孩子还会出现遇到困难很容易放弃的现象。

为什么"加油"不成，反倒"漏油"了呢？

#### 1. 盯着人会尿，关注事才有动力

有一个很著名的实验，实验人员第一次给两组孩子同样难度的拼图，两组孩子都完成得很好，但是两组孩子得到的赞赏却不一样，一组被夸聪明，另一组被夸努力。那么在后

来的几组实验当中，当初被随机分组的两组孩子，却不约而同地呈现出很多共性的表现。比如，当给大家选择题目难度的时候，被夸聪明的一组孩子多数都选择了更简单的，而被夸努力的一组孩子多数都选择了更难的。在大家都面对难以完成的任务的时候，被夸聪明的一组孩子，都表现出焦虑、灰心、容易放弃的状态，而被夸努力的一组孩子也不约而同地表现出积极想办法的状态。被夸为聪明的孩子，被关注的焦点是孩子本身，而后者被关注的焦点则是孩子们的行为。

假如一个孩子被关注的是他这个人是否聪明，跟别人比如何，那么他就会常处于紧张焦虑状态，一旦有一点，哪怕是一件小事，证明了他这个人不行，他就会非常无力，非常焦虑。而如果被关注点是他所做的事情，那么孩子也会把精力放在事情上，事情没做好的话，会继续想办法，而不是陷入自我否定当中。

而父母如果经常用比较的方法来激励孩子，被比较的对象就是孩子，会让孩子感觉自己很没用，总是不如别人，从而丧失了力量感，就会出现越比越屎的状况。

父母要尽可能把对孩子本人的关注度降低，更多地与孩子一起把注意力集中在具体的事情上，比如哪些英语知识点没有掌握，物理课中哪些章节会有困难，可以做什么让学习效率更高等。当我们和孩子的关注点只在事情上时，就没有了那些对孩子这个人的攻击，孩子就不会出现"漏油"、泄气的情况，就更加有可能把精力放在事情的解决上。

### 2. 没有体验过"成"的快感，只能剩下"尿"

孩子考了 90 分，父母请他好好反思那 10 分丢在哪里。孩子考得不好时父母表达不满意，考得好时当成理所当然，或者要求精益求精，或者要求其他学科也要一样。

孩子会觉得他在父母眼里就从来没好过，无论怎样他也达不到父母的要求。如果他兴致勃勃拿回一张提高了 20 分的卷子，得到的父母的回应与拿了 60 分一样，都是挑剔和不满。孩子可能会很泄气，认为自己很难做"成"一件事，无论怎么做，都达不到父母的标准。

"成"的体验很重要，一个一直输的人，怎么敢相信自己会赢？而经常能有"成"的体验的人，才有信心和勇气去争取下一次的"成"。青少年正处于自我确认的重要阶段，如果在他的经验当中，自己总是做不好、做不成，那么就会让他无形中给自己贴上"尿"的标签。

父母需要怎么做来鼓励孩子呢？其实很简单，就是经常帮孩子按下"确认键"。真诚地确认他是可以的，确认他可以做得好，确认他的进步。

诚然，学习是孩子自己的事情，考得好本身就是对他自己努力的一种奖励。但如果在过去，父母的比较曾经伤害过孩子，或者曾经让孩子"漏油"，那么就千万不要吝啬对孩子的认可，这是可以增强孩子力量的唯一方式。

"比"字两把刀，"批判"三把刀，扔掉这五把刀，放孩子一条生路。

## 二、同伴说话比家长说话重要，如何对话才有效？

常常听到有些父母很有挫败感地抱怨，"怎么说孩子都不听，同学一说就听""怎么叫孩子都纹丝不动，同学喊一声却撒腿就跑"。青少年的同伴关系对青少年的同一性发展和社会交往有重大意义，那是否意味着父母就要"退居二线"呢？

对孩子同伴交往强加干涉固然不合适，但是完全退出孩子的成长过程，也非合宜之举。正如孩子学步时，勇敢地向前迈步，走向远方的时候，会常常跑回到父母的怀抱"充充电"，接下来会更有动力走得更远。

青少年在这一次完成独立的过程中，父母仍然起到的是这样的作用。父母的"放手"和"支持"缺一不可，而非"控制"或"不管"。父母可以成为孩子的加油站，但是没有哪辆车要拉着加油站到处跑，也没有哪辆车会一直停在加油站不动。适时适地出现的"加油站"原则，会让"隧道期"的孩子与同伴的相处更加趋于良性，与父母维持亲密关系是他们选择朋友的最好保障。

### 1. 说"不"有度，底线与自由并不冲突

有的父母身在"隧道期"很焦虑，要把孩子抓得更紧，要更加有所掌控，凡事都要管，凡事都会阻拦。

结果是，一方面很可能"锻炼"出亲子之间"控制——反抗"的沟通模式，不管父母说什么孩子都会下意识地反抗；

另一方面可能让孩子对父母的要求不再敏感，会觉得自己天天都在触碰父母的底线，根本不知道哪条底线才重要。

有个隐喻的故事是，一位爸爸每次跟女儿说话的时候都很大声，比如："帮我拿报纸！""穿上拖鞋！"有一次女儿过马路的时候，没注意侧后方过来一辆车，爸爸大喊："小心后面有车！"结果，女儿没有做出任何反应而被车撞伤。事后爸爸问她："我那么大声提醒，你没听见吗？"女儿说："你每次跟我说话都那么大声，我还以为是让我拿报纸这样的事情呢。"

我建议父母列一下在"隧道期"不希望孩子做的事情。从中只选三个作为底线。这时你会发现很多不希望孩子做的事情，是来源于自己的喜好，比如"我不希望孩子穿耳洞"跟"我不希望孩子吸毒"相比，哪个才是不可触碰的底线呢？哪个是因为孩子跟父母的观点不一样，而不希望他做的事情呢？

在允许范围内的事情上，做到放手和信任；在触及底线的事情上，要做到态度坚定，这样孩子才会更加重视父母的底线，如果这二十条全都被限制，那么穿耳洞和吸毒对孩子来说，可能都是同样可以去挑战的。

筛选底线要求，列出父母不希望"隧道期"孩子做的事情：

（1）＿＿＿＿＿＿＿＿＿　　（2）＿＿＿＿＿＿＿＿＿

（3）＿＿＿＿＿＿＿＿＿　　（4）＿＿＿＿＿＿＿＿＿

（5）_____ （6）_____

（7）_____ （8）_____

（9）_____ （10）_____

（11）_____ （12）_____

（13）_____ （14）_____

（15）_____ （16）_____

（17）_____ （18）_____

（19）_____ （20）_____

从上面选出三条你认为不可以逾越的底线，填写在下面的横线上：

（1）_____

（2）_____

（3）_____

**2. 让孩子在家里学会做决定，在外面的决定和思考才可能更有自己的立场**

这是一个真实的事情，有几个小学刚毕业的男生约着去看电影，在超市里买零食的时候，有一位突发奇想，要买酒喝，结果几个男生对此做出的决定各不相同。

A 类：冒险型。这个事情太刺激了！

B 类：跟风型。同学说喝，那就也跟着喝点吧！

C 类：纠结型。如果喝，万一回家被爸妈发现了怎么办？不喝的话，万一同学以后不带我玩了怎么办？

D 类：主见型。我不认同喝酒的行为，我不会喝的。咱们等会儿电影院见！

A、B、C 类孩子可能都是平时在家做决定的机会不多的，父母也没有明确过哪些事情可为，哪些事情不可为，所以孩子一旦离开父母的视线，有的就表现出更容易放飞自我，做出冒险的决定；有的没主见，只会跟从同伴的脚步；有的既不敢违逆父母，又害怕失去同伴。而 D 类孩子面对同伴的选择则有自己的立场，有自己的主见，不会轻易被人影响，这样的孩子在同伴群体当中往往更容易获得尊重。

让孩子在家里有足够的机会做决定，那么他会更懂得如何为自己的行为负责，而不是让孩子去外面的世界后才有机会练习。

### 三、知道孩子"早恋"，我该怎么开口说？

孩子：妈妈，××想让我帮他补习一下物理，他上周生病没来上课。

父母：好的，早点回来。咦？ ×× 是男生还是女生？

孩子：男生啊，怎么了？

父母：他怎么非得找你补习呀，问老师多好。他是不是对你有意思啊？

孩子：什么意思不意思啊！你想得太复杂了！

父母：我想得复杂？这个社会就是很复杂的，小姑娘要懂得自我保护，要自尊自爱。你现在最重要的任务就是学习，千万不可以谈恋爱……

孩子：说什么呢，乱七八糟的，你烦死人了！（摔门而去）

异性交往存在于孩子成长的所有阶段，但是到了青春期，不管是家长还是孩子，对这个话题都开始变得很敏感。

家长担心孩子"早恋"会耽误学习，因为年轻冲动而做错事。

孩子会对异性充满好奇与羞涩，他们或许有了内心隐隐关注的异性，或许很想了解关于异性的更多信息。只是在这个话题上，他们往往会选择对父母三缄其口。

孩子不想说，父母想知道，这就让本来就难以启齿的话题更加神秘起来。

### 1. 两个因素决定孩子是否跟你说

（1）对父母反应的判断

如果孩子在过往的经验中，早已总结出一个规律，但凡稍微敏感一点的话题，必会招致父母煞有介事、紧张万分、郑重其事的说教，孩子十有八九是不愿意去撞这个枪口的。假如孩子有了心仪的对象，或者内心有了关于异性的烦恼和苦闷，当他判断出这可能在父母的价值观里是不好的事情，如果跟父母说，可能会被反对、被唠叨，甚至还会失去部分自由，在权衡利弊之后，孩子可能会选择隐瞒。

孩子能不能跟父母说，愿意不愿意跟父母说，很大程度上取决于孩子对亲子沟通状态的判断。如果孩子在过往与父母沟通的经验中，认为父母比较包容，遇事不会立即表现出焦躁不安，而是能够以理解和尊重的方式来沟通，孩子才可能会选择试探性地与父母交流。

就好像走一段索桥的时候，人们会用手拉住锁链判断一下它的坚实程度，判断一下它有多大的弹性，如果觉得不安全，就不会往前走。一份好的亲子关系是可以禁得起孩子的试探的，让孩子在试探之后，仍认为是安全可靠的。

（2）对自己疆界的划定

青少年在实现独立的进程中，会采取很多鲜明的行为来划定他的疆界。比如关上自己的房门，锁上日记本，有个秘密的宝贝盒子，有不给别人听的私密通话，等等。这个界限不仅仅是在告诉别人"这是我的事，不要你管"，同时也是在对自己说"这些是我的事情，我能处理"。这是孩子在独立进程中，不断学会为自己负责的好机会。很多独立性比较强的孩子，在对待与异性相处的问题时，往往会认为这是他私人界限内的事情，不需要跟父母说。

孩子初涉人世，很多成长的情节都很重要，而异性关系的处理所带来的隐患未必会非常严重。容易对孩子真正造成伤害的，反而是父母对于此事的态度。

如果父母认为这个年龄阶段的孩子对异性的好感是羞耻的，认为他们做了一件见不得人的事情，就会让孩子一直在愧疚的痛苦中。青春期的烦恼不仅不能得到排解，反而增添了新的心理负担。

如果父母认为这个年龄阶段与异性的交往是充满危险的，那么孩子会因此而产生恐惧的心理，影响他日后与异性的相处。也有可能会激发孩子更大的好奇，以身探险来验证父母说的到底是不是真的。

如果父母认为这个年龄阶段的恋爱是不正常的，是洪水猛兽，是要坚决禁止的，那么孩子可能就会隐藏得更深，让父母更加无法知道他的状况和行踪。一旦出了什么事情，也断然不敢告诉父母。

有一天放学时，刚上幼儿园的女儿颇为焦虑地跟我说："妈妈，××同学说我脸脏脏的，你不会来接我了。"我笑着跟她说："不管你多脏，妈妈都会来接你的，因为你是妈妈的女儿，妈妈爱你呀！"

听上去很好笑，哪个妈妈会因为孩子脸脏就不来接孩子了呢？但是对于小孩来说，确实是她当时真实的焦虑。那对于青少年来说，他们也会有这样一些大人看起来是小事，但对于他们来说是天塌般的大事，比如孩子认为，假如我爸爸知道这件事，非打断我的腿不可；假如我妈妈知道这件事，大概会气晕过去；假如告诉我妈妈，她一定不会认我这个女儿；等等。这些后果对于孩子来说，可能一时无法面对，甚至会选择极端的处理方式，或者成为他成长路上的一个阴影，要在以后的日子去疗愈。

## 2. 面对青少年的异性交往，有以下三点建议供父母参考

（1）未雨绸缪

提前传递父母对这件事情的价值观，情感的到来，没有早晚之分，这是孩子成长过程中的礼物，来了就要好好地接纳和面对。给孩子放宽心，让孩子知道，"当我遇到这类困惑的时候，是可以跟我的爸爸妈妈讲的，他们是可靠的，可以被信任的"。而且父母这个后盾是坚实的，不是动不动就炸裂的。

（2）静享花开

如果孩子跟父母表达他的心事，首先要感谢孩子的信任，并且表达父母的欣赏，欣赏他的长大，欣赏他的思考，欣赏他的审美。看到孩子情感萌芽的正向意义，而不是把这件事情变成洪水猛兽般的恐惧和噩梦。即使孩子不主动与父母沟通，父母仍然可以选择合适的时机来表达对他成长的欣赏，让孩子感受到父母眼中看到了青少年的种种美好。

（3）因势利导

在前两点的基础上，可以跟孩子分享一些健康的青少年情感和性教育的指引或相关读物。虽然孩子对父母的建议、指引乃至推荐的读物未必都会接受，但是父母的正向态度已经为孩子正向发展异性交往奠定了一个非常好的基础。

第三章

# 重启：
# 修复亲子关系，让爱在对话中流动起来

与青少年和解不代表要牺牲父母的尊严，父母的尊严也并非要在亲子对抗中体现。"低碳沟通法""改变沟通站位"，与孩子成为"盟友"，"六不原则"，让父母不再成为亲子对话的终结者，学做"抱持"型父母，实现真正可控的亲子关系。

# 第一节　不伤父母尊严的和解方法

## 一、和解不等于跟孩子说"对不起"

在"隧道期"，亲子之间的磕磕碰碰在所难免，而冲突过后的处理颇见父母智慧。

如果双方僵持不下，互不理睬，就会让亲子关系陷入冷战之中，可能会造成亲情的疏离，甚至埋下怨恨的种子。

如果坚持让孩子认错，会令孩子不服气，尽管他们表面认错，但内心会产生怨怼和委屈的情绪。长此以往，孩子有可能会在某个点爆发，也有可能会造成他们的自卑、自我不满甚至自我攻击。

如果父母主动和解，会更容易将亲子关系引向可控的方向。

有的父母会认为主动与孩子和解实在是丢面子，这样会让自己在孩子面前更加没有权威。

有的父母跟孩子表面和解，只是说句对不起，但彼此内心仍然是对立的。

也有的父母认为，"如果我总是跟他和解，他会不会就养成习惯了，凡事都是我们的错，他没有错，以后岂不是更加无法无天了"？

父母与孩子和解并不是简单地说句对不起，或者是赔礼道歉，而让双方通过这件事能够彼此理解的过程，才是真正的和解。

父母可以尝试用和解的"四察四对"的方法来试试，既不会失去家长的权威，又不会流于敷衍、不真诚的道歉，同时又可以让孩子在和解的过程中获得成长，而不是变得"无法无天"。

和解四察：任何事情都有可能会引发亲子冲突，但是很多父母经常会被下面四个"滤镜"所影响，让亲子冲突远离事实真相。如果父母觉察到自己可能戴上了其中的某一个，就要及时摘下，及时转念，一念转，即是沟通的天堂。

| 滤镜 | 映射 | 常见表达 |
|---|---|---|
| "我最聪明" | 我是对的，你是错的 | 我早就说过，现在知道后果了吧！<br>我都说过多少次了，就是不听！<br>分明就是……你非得说…… |
| 转念语句参考<br>（也可以在这里写下你的转念语句，下面同样） | | 这件事，孩子看到了什么？<br>他是不是有不同的思考角度？<br>即使我是对的，也可以用更合适的表达令孩子愉快接受。 |

续表

| 滤镜 | 映射 | 常见表达 |
|---|---|---|
| "我最重要" | 你怎么敢反抗我 | 就得听我的！<br>真是反了你了！<br>必须按照我说的做！ |
| 转念语句参考 | | 孩子是独立个体，他的观点不必非得跟我一致。<br>孩子需要被尊重，而不是服从就范。 |
| "我最辛苦" | 你怎么能这样对我 | 我做了这么多……<br>我这么早就到了……<br>都是为了你…… |
| 转念语句参考 | | 我付出，是因为我乐意这样去做。<br>我付出，是因为我爱他。<br>我付出与他无关，不需要他来承担责任。 |
| "理所当然" | 不值一提 | 那不是你应该做的吗？<br>行了，知道了，不就是×××吗？<br>有什么了不起的，值得大惊小怪吗？ |
| 转念语句参考 | | 他在这件事情上还是付出了很多努力。<br>他也想把事情做好，只是遇到了困难。<br>正因为他曾经很用心，所以才会在意。 |

　　和解四对：在父母做了如上的梳理之后，通常能够去除掉影响父母与孩子和解的障碍，接下来，再做如下"对频"沟通，调整亲子频率一致，达成和解。

| 对频词语 | 表达含义 | 参考语句 |
|---|---|---|
| "我知道"<br>"其实" | 表达理解 | 我知道你很想自己解决这个问题。<br>其实你已经很努力了。 |
| "谢谢你"<br>"多亏你" | 表达感恩 | 谢谢你在很生气的时候还会照顾妈妈的感受。<br>多亏你告诉我，否则我还会继续误会下去。 |
| "了不起"<br>"不容易" | 表达肯定 | 你真的是很了不起，换成我未必可以做到。<br>面对这个问题是不容易的事，但是你做到了。 |
| "对不起"<br>"请原谅" | 表达坦诚、包容 | 很对不起，妈妈当时没有考虑到这一点。<br>请原谅爸爸没有遵守我们之前的约定。 |

这个和解的过程，让父母对孩子多了一份理解和接纳，让孩子对父母多了一份信任和亲近。而且这也是一个非常好的冲突处理的示范，孩子会从父母身上学到，原来我可以这样来处理冲突。

父母的理解赢得了孩子的信任，父母的坦诚赢得了孩子的尊重，父母的肯定帮助孩子更有信心，父母的感恩和包容，让孩子感受到父母的胸怀和值得信赖。

## 二、孩子刚打开的心门，是怎么又被你关上的？

孩子，真对不起，妈妈翻看你的日记的事情让你很恼火。这也是因为妈妈担心你被人欺骗。你现在总觉得自己已经长大了，但其实你还小，好多事情你还处理不好……

孩子，你已经做得很好了，我总是按照自己的想法要求你，确实太自私了。妈妈多希望你能够在××学科上再多花点工夫，拿个好成绩。

孩子，妈妈觉得非常抱歉，刚才不应该对你大吼大叫。但是，你也太让妈妈生气了。

很多父母都经历过跟孩子和解时，孩子已经慢慢柔和的目光突然又黯淡下来，转而给父母一副冷冷的表情，"今天不说了，我累了""又来了""好了，知道了，别烦我了"！

在前面的几个例子当中，父母都是先表达了歉意，接着就是"但是"或者进一步提要求。这是很多刚开始学习亲子沟通的父母经常会踩的坑。学习后，他们认识到要接纳孩子的感受或者说出和解的语句，结果，一句接纳或和解之后，后面紧紧跟上五句甚至十句的说教建议。

当孩子回应冷淡甚至反感时，父母可能还在困惑，这又是怎么了？明明不是和解了吗？为什么又要使小性子？这不已经哄完了吗？我已经主动和解了呀，可是他不吃我这一套。

可能父母还不知道，自己的额头上已经赤裸裸地写着三个字"功利心"。

　　问题不在接纳与和解上，而在于有些家长的功利性太强，看到孩子心门打开一点，就急于往里面塞东西，说教建议一大堆。一来二去，孩子就明白原来这就是家长的套路。孩子感受不到父母的真诚，反而连共情、和解的部分，都成了"套路"，让孩子无法全然信赖。孩子的心门自然就会关上了。

　　与青少年相处，父母是不是走心，他敏感的小天线完全接收得到。他分明能感受到，父母是不是真的接纳允许，是不是真的肯定认可。

　　孩子的反应就是一面镜子，就是一个测谎仪，是在拷问父母爱得有多纯粹。

　　当亲子沟通出现任何问题的时候，父母都可以再问一下自己的内心：

　　"在我跟孩子的沟通里面，是纯然因为爱呢？还是夹杂了我的期待，夹杂了我的虚荣，夹杂了我想轻松省事的心？"

　　"而孩子在与我的沟通中，感受到的是纯然的爱呢，还是深层次的恐惧，比如害怕考不好，担心以后没出路，或者是强烈的被控制感？"

　　《与神对话》的作者尼尔·唐那·沃许认为，"所有人类的行为在其最深的层面都是由两种情绪——恐惧或爱——之一所推动的。人类的每个念头及人类的行为，都是建立在爱或恐惧上的"。从能量尺里可以看到在爱的驱动下，父母与孩子共振的是高能量，而在恐惧的驱动下，父母与孩子共振的是低能量。

常见的几种让孩子打开的心门重新关闭的说法有三种：找理由、提要求、趁机说教。在孩子眼里这些可能都是"假装和解"。

第一，找理由。比如，"孩子，真对不起，妈妈翻看你的日记的事情让你很恼火。这也是因为妈妈担心你被人欺骗。你现在总觉得自己已经长大了，但其实你还小，好多事情你还处理不好……"家长为自己的道歉找了冠冕堂皇的理由，让孩子感受到父母的歉意并不真诚，借和解的幌子来向他灌输观点才是真正目的。

第二，提要求。比如，"孩子，你已经做得很好了，我总是按照自己的想法要求你，确实太自私了。妈妈多希望你能够在××学科上，再多花点工夫，拿个好成绩"。当家长与孩子和解，孩子给了家长正面的反应的时候，家长往往觉得应该乘胜追击，趁孩子现在心情好，多提点要求，让孩子做得更好。

第三，趁机说教。比如，"孩子，妈妈觉得非常抱歉，刚才不应该对你大吼大叫。但是，你也太让妈妈生气了"。这里有一个最明显的标志性词语"但是"，这样的转折词会直接导致"关门"。对于孩子来说，这可能是父母的缓兵之计，换个招数来说教而已，孩子感受不到和解，而只有变相的说教。

可能有的父母会说，难道就不能提要求了吗？就不能管教孩子了吗？当然不是，父母在与孩子的日常交往中都可以用合适的方式来与孩子做规划、做沟通，具体方法和建议在相关章节也会提及。

但是不适宜以和解为手段，来达成说教的目的。和解需要父母的真心，和解的目标是修复亲子关系，而不是调教孩子的行为。

让亲子关系在这样好的状态下多停留一会儿，不好吗？为什么非得急着赶路，赶往下一个目标？

## 三、"特殊时光"小小仪式感让孩子恋家

家有青少年的父母常常产生的一种悲观情绪就是，"儿大不由娘""翅膀硬了要单飞了""与父母越来越疏远了""他对这个家好像没什么留恋之心"。

而事实上是怎样呢？孩子动不动就嚷着要离家出走，这好像一下子就把父母的胡思乱想给坐实了。

其实，青少年要离家出走的，是那个想要自由的灵魂，而并非他的感情。如果父母能够认识到这个真相，就不会认为孩子会与自己疏远，同时，也不必因为挽留而阻挡孩子独立的步伐。因为，孩子的情感可以永远跟父母很贴近。

只要父母能够做到给孩子成长以独立空间，又足够重视亲情的联结。

青少年与伙伴交往的意愿要远远超过与家人相处的兴致，比如父母说："我们去散步吧。"孩子说："你们去吧，我

要跟同学打游戏。"

比如父母提议去看电影，孩子说跟同学已经约好，片子刚好不是家长选好的那一个。

比如父母计划假期全家去旅行，但孩子偏要跟同学一起去看动漫展。

尽管如此，孩子也不可能拒绝父母全部的要求，除非孩子是在逃避与父母相处。如果是这种情况，就需要翻看前面章节中去找一下原因所在。

"特殊时光"不是简单的约会，有一些特殊的注意事项需要遵守：

（1）规律性

这个"特殊时光"跟平时即兴安排的活动不太一样，应该是相对固定的一项家庭活动。比如每周日看场电影，每月底吃顿大餐，每周三一起去游泳，或者每周六是家庭日，这个家庭日可以临时安排全家人都喜欢的活动内容。总之，形成一个家庭惯例。每一次活动的时间长短可以视具体情况而定，哪怕只是喝杯咖啡、打圈扑克的时间，也没有问题。

（2）专属性

如果一个家庭有两个以上的孩子，建议每个孩子要有他们自己的"特殊时光"，而不是为了提高效率，全部都安排在一起。每个孩子都是独一无二的，即使多子女家庭也不例外，每个孩子都希望得到父母专属的爱、专属的时间。所以如果把这段时间与其他亲朋好友聚会的时间合并在一起，就更不合适了。

（3）单一性

这一点是重中之重，希望家长们特别注意。单一性是指，父母只与孩子专注于享受这个活动本身，而不需要有其他的附加品。很多父母都特别"珍惜"跟孩子在一起的时间，如果不抓住机会说教、讲讲道理、评论一下孩子的言行，就会觉得特别浪费。然而在"特殊时光"里，这些都是被禁止的。

只享受与孩子在一起的时光就好，让孩子感受到"此刻有你，万事已足。你不必做什么，也不必成为什么，就配得上一切的美好和欢乐"。

这个"特殊时光"也是爸爸们的福音，爸爸们即使再没有时间陪孩子，安排跟孩子独有的"特殊时光"也应该是可以实现的，而这将会成为父亲跟孩子美好的回忆。

人们常常会将一些感觉跟某些事物牢牢地联系在一起，比如我每次感受到冰雪的凛冽气息，就能想起家乡的味道；比如经历过车祸的人每次听到刹车的尖锐声，就会想起那个惊恐的瞬间；比如闻到爆米花的味道，就会想起电影院的放松与闲适。

当孩子由一段段特殊时光积累起的美好感受与家联系在一起，孩子与父母、与家庭的亲情联结无疑是紧密而牢固的。

孩子每次看到烟花都能想起曾经与父亲在一起时欢乐、热闹的感觉，一定会滋养他余生面对孤单或挫败的勇气，成为他能够面对生活的温暖的力量。

练习：列出你的"特殊时光"清单

_____

_____

_____

_____

_____

_____

_____

_____

_____

# 第二节　用心联结，化对抗为联盟

## 一、接纳感受，父母的爱，孩子不再听不懂

孩子明天就要考试了，有点焦虑地跟父母说：明天就要数学考试了，我还没准备好，怎么办呀？

下面是几位妈妈不同的回应，请站在孩子的角度来听一下，哪位妈妈的回应让你感觉更好一些。

◎妈妈 A：放松点，有啥好紧张的！

◎妈妈 B：你早干吗去了，现在才知道晚了。早点花时间好好复习比什么都强。

◎妈妈 C：你看上去很紧张，每次考试都会让人感到不太轻松。

三位妈妈无疑同样是关心孩子的，但是采用的表达方式不一样，给孩子带来的感觉也截然不同。

第一位妈妈看到孩子很焦虑，于是建议孩子放松一点。但是"有啥好紧张"这种否定孩子感受的表达，只会让孩子

觉得妈妈不理解他，并且有可能会否定自己的感受，认为自己不应该紧张，紧张是很羞耻的，没必要的。

第二位妈妈希望孩子能够准备充分迎接考试，但是说话的方式是指责和挖苦，让孩子的内心感受很不舒服，或许会产生情绪上的对抗。

第三位妈妈接纳了孩子的感受，孩子会认为，"妈妈是理解我的，我此刻的感受有人懂，并且我也是被接纳的，没有被否定，也没有被批评指责"。孩子在被接纳的一瞬间获得了与妈妈沟通的安全感和信任感，所以孩子会愿意跟妈妈继续聊一聊。

前面两句很"负能"，让人听了感觉很糟糕，并且也没有办法读懂父母的爱。后面一句很"赋能"，让人听了之后内心舒服多了，孩子也在与家长的沟通中获得了爱与支持的力量。

第三位妈妈没有试图去平息孩子的情绪或者帮助孩子解决问题，只是做到了接纳孩子的感受。感受即是一个人当下的自我，当感受被接纳时，孩子会感受到父母的理解。而且感受一旦被接纳，孩子的负面情绪会通过与父母的沟通慢慢消散，就像一团淤结的泥被水流疏散开。当孩子不再受负面情绪困扰的时候，他的"理智脑"就会开始工作，会自发地去寻找解决问题的办法。

没有一个人可以去控制别人的大脑，企图用说教或否定的方式去改变孩子大脑里的运行轨道是不可能的。但是接纳可以，接纳可以让"情绪脑"的大潮回落，"理智脑"才有机会启动。所有的孩子都渴望被理解，而不是被纠正。

这里介绍一下接纳孩子感受的三步曲：

第一步：换位思考

一个人想什么，决定了他会说什么。当孩子满面愁容地说他面对考试很紧张的时候，如果父母当时想的是"平时不努力，考试就发蒙！复习时不着急，现在不知所措了吧？"有了这样的想法，说出来的当然就会是"你早干吗去了，现在才知道晚了。早点花时间好好复习比什么都强"。这种思考方式是站在孩子对面，是以家长为中心的思考方式。

而接纳孩子的感受的第一步是要站在孩子的角度去思考，比如"对于一个孩子来说，每一次考试都是个小压力呢"！有了这样的思考，说出来的也自然就是接纳的语言。

第二步：感同身受

换位思考之后，父母可以进一步体会孩子还会有怎样的感受。"考试前确实会紧张，就好像我每次开会要发言一样，前一天晚上都睡不好"。只有当父母设身处地去感受孩子的感受，才能够做到真正理解孩子。而且父母的回应也不再会让孩子感到敷衍，而是很走心。

第三步：情感回应

父母在感同身受的环节，要先找到孩子的情绪词，比如"紧张""焦虑"或者"烦躁"，接下来把自己感受到的内容，组织语言说出来。比如"你好像很紧张""你一定感到有些焦虑"。除此之外，还可以视当时的具体情况，孩子如果愿意接受，可以有抚摸或拥抱等安慰的肢体动作。

换位思考是"想法"，感同身受是"体会和觉察"，情感回应是"表达"。

 练习：

◎孩子：今天数学老师又把体育课给占了，真烦人。

◎家长：老师还不是为你们好，这么负责的老师哪里找去！

◎孩子：不跟你说了，什么都不懂！

【换位思考练习】对于一个孩子来说，体育课是很值得期待的，轻松又好玩。

【感同深受练习】体育课被换成了数学课，不管数学课有多重要，孩子一定还是会感到很失望，可能已经说好跟谁组队打篮球的计划也泡汤了。

【情感回应练习】如果盼了一周的体育课突然被取消了，你也一定很失望。

接纳孩子的感受三步曲是父母搭建的一座桥，这座桥通往孩子的心。需要家长注意的是，接纳感受就好像下雨天，父母与孩子同撑一把伞。有时候很快就雨过天晴，有时候小雨淅淅沥沥，这把伞要撑很久，这时确实需要家长有足够的耐心！

## 二、"低碳"沟通法，把主场还给孩子

**话不投机半句多，即使投机也不能随便说。**

【"话不投机"型】

"真倒霉，我新买的MP3又丢了？"

"怎么又丢了，你就差把自己也弄丢了！"

"砰——"（关门声）

【"费力不讨好"型】

"真倒霉，我新买的MP3又丢了？"

"那你有没有问问同学看见了没？"

"都说没看见，肯定是被人偷了！"

"要不你找老师调监控看看？"

"老师才不管这些鸡毛蒜皮的小事呢！"

"这可不是小事呀，偷东西那是道德问题，班级里出了小偷，那就是要找出来的，他今天偷了你的，明天兴许偷别人的，不追查就是对坏人的姑息呀！"

"哎呀，你别烦了！"

"听妈妈的，这个事情要去追查一下。你也别总想着这件事情了，妈妈再给你买一个。下次你可要保管好了，随身带着就不会丢。自己看管好比什么都强，就算是有人偷，他怎么不偷别人的，专门偷你的呢，还不是因为你一天到晚总跟马大哈似的。"

"烦死了，我也不要了，你以后啥也别给我买，买了也

会丢！"

"哎，你这孩子……"

【"低碳节能"型】

"真倒霉，我新买的 MP3 又丢了？"

"哦，是吗？"

"倒霉透了，上个月丢一个，这个月又丢一个！"

"我记得当时你非常喜欢这个款式。"

"我要去问一下我们小组的同学有没有人见到过。"

"嗯，好主意！"

"话不投机"型的对话往往就是由父母的责备、说教、威胁、嘲讽等方式而起，让亲子对话无法继续。

"费力不讨好"型的对话中，这位妈妈非常尽心尽力帮孩子分析、出主意，但是最后仍然不欢而散。

"低碳节能"型的对话中，这位妈妈很简单的几句话，不仅让孩子沮丧的情绪得到缓解，孩子还能够主动去想解决问题的办法。

"低碳节能"型对话与前两种对话有哪些本质上的不一样呢？

### 1. 亲子界限清晰

在前两种对话当中，孩子因为丢了 MP3 而十分沮丧，妈妈听到这个消息之后，都被卷入这个事件以及情绪当中。而"低碳节能"型对话中，妈妈一直是以一个旁观者和支持者的身份与孩子沟通的。

与青少年的界限感，是父母时刻都需要注意的，分清什么事情是孩子的，什么事情是自己的，孩子的事情就交给孩子去完成，解决问题的主场也要还给孩子。父母不能一直占据主场不放权，或者放权还要带着"恩赐"的施舍感。在"低碳节能"型对话中，这位妈妈只是很简单地回应孩子，这就是配角的作用。如果相声当中捧哏比逗哏说得还多，那就越位了。

对自己人生的掌控权，这是孩子本来就应该有的。孩子能够自己面对问题、解决问题，这不正是父母所期待的吗？而不是事事都要父母参与，等孩子有一天没有办法解决问题的时候，又要埋怨孩子脆弱、无能。

在前两种对话中，还有一个有趣的细节，本来孩子是因为丢了MP3而产生负面情绪，可是回家跟妈妈倾诉之后，妈妈"成功"引火烧身，把孩子的情绪转移到了自己身上，最后孩子产生负面情绪的主因已经不在丢失了MP3这件事情上，而是在于对妈妈沟通的失望。

亲子关系界限清晰，父母能够真诚地在孩子有需要的时候给以陪伴、聆听、共情，就是对孩子最大的支持，绝不是越俎代庖帮孩子解决问题，或者让孩子按照自己的办法去解决问题。

### 2. 不走"脑"，只走"心"，简单回应

"低碳节能"型还在于家长不需要长篇大论，不需要动用很多"头脑"来帮助孩子，走心就够了。在"费力不讨好"型的对话里，妈妈真的是动用了很多脑细胞，想了很多办法，

却一个个被孩子否认，妈妈会有挫败感和无力感，孩子也有焦虑和烦躁。即使妈妈的建议被孩子采纳，这也不是一个好办法，因为在这个过程当中，孩子没有调动自己的资源去解决问题，问题是妈妈解决的，孩子仍然会有无能感。

与前两种类型的对话比起来，"低碳节能"型的对话中，妈妈很轻松，并没有挖空心思去想办法，也没有为此焦虑着急，她只做了一个好的聆听者、共情者，她不走"脑"，只走"心"。当孩子倾诉时，她给予关注，当孩子表达时，她及时共情。

回应的时候话语简洁很重要，因为话说多了，就容易走"脑"，简单回应除了"哦""嗯"等表示聆听的词语，还有一些适合的语句供家长们参考。

◎嗯，我明白了！　　　◎那你的看法呢？

◎是嘛！　　　　　　　◎怪不得！

◎原来是这样！　　　　◎（重复孩子的部分语句）

◎然后呢？　　　　　　◎继续，我听着呢。

◎真的吗？　　　　　　◎很有意思，这我真没想到过。

◎给我讲讲。　　　　　◎这似乎对你很重要。

◎我很想听你说一说。　◎谢谢你把真实感受告诉我。

"低碳节能"型对话中，父母很容易做到不带情绪，而孩子也不会进一步被父母的情绪所感染。亲子沟通"少"就是"多"，当父母把主场还给孩子，父母轻松，孩子会获得成长。因为他能在这个对话中感受到父母的尊重，更容易引发他积极主动思考。

## 三、放下非黑即白，"更多可能"让孩子减少抵触

"你必须……""不……怎么能行？""一定要……否则就完了！""绝对不可以……"……

读一遍这些句式，让人有什么感受？是不是感到压抑、紧张甚至绝望？这些句式的共同特点就是定式思维、缺乏弹性。

大多数父母为了提醒孩子注意，为了引起孩子重视，常常会用这样的句式来告诉孩子，要按照父母说的做，否则后果很严重。这样束缚感很强的语句，会让孩子触之即逃，抵触与家长继续沟通。

比如早上叫孩子起床时，父母大喊"马上起床，再不起就迟到了"这种不容置喙的语气，让孩子除了服从别无他选，而处于"隧道期"的孩子在被命令、被威胁的时候，很容易激起他的反抗。"迟到就迟到，不用你管""那就不去了，本来我就不想去"！这样一来，冲突在所难免。

非黑即白的沟通方式很容易把沟通送进了死胡同。

生活本来就有无限可能，沟通也不例外。如果父母学会"更多可能"的沟通方法，就会发现和孩子的沟通非常有弹性，可进可退，孩子也不再抵触与父母沟通。

### 1. 提供选择

比如还是早上叫孩子起床这个例子，父母可以给孩子提

供选择"现在是 7 点 20 分，你是现在起床，还是 5 分钟之后再起床？"这种沟通也容易被孩子接受。更重要的是，选择是有力量的，因为是他自己做的决定，而非别人的决定。

在提供选择时，要注意选择的可行性和真实性，比如孩子胃口不好，父母问孩子："是你自己吃，还是我喂你呀？"这样的选择对于十几岁的孩子来说不是选择，而是羞辱和嘲讽了。

### 2. 给参考而非答案

很多父母会习惯于让孩子"按照我说的做"，理由是"父母肯定不会害你，告诉你的肯定都是最宝贵的人生经验，你值得拥有"。问题是孩子往往不愿意接受，孩子不愿意接受的通常不是父母的方案，而是父母颐指气使的态度。

如果父母把建议方案当成是一种可选参考提供给孩子，孩子就容易接受得多。比如，"这是其中一种方法，有时会有用，你可以试试看"。这向孩子传递的信息是，除此之外，还有更多可能值得去探索。

### 3. 肯定孩子的不同观点

当孩子跟父母观点不一致时，即使孩子的观点很幼稚，父母也不要急于否定他，而是让孩子知道他的观点也很可贵，是有价值的。

比如父母可以说，"你这个想法很独到""我像你这么大的时候肯定想不到这一点"，而不是直接否定孩子说"你怎么会有这么可笑的想法""这个想法根本就不切实际"。

否定只会让孩子在未来面对问题时感到胆怯和无能为力。

非黑即白的定式思维，不仅框住孩子的思维，也可能框住孩子的人生。假如孩子会对父母的话深信不疑，那么孩子就会生活在这样的定式思维当中，生活在这样的桎梏当中。比如"考不进前三十名，你什么大学都去不了"，那假如孩子考了第三十一名，他会不会很灰心丧气？会不会觉得人生无望？

每一个生命体的潜能都是值得敬畏、值得期待的。我从小到大在美术课上都没有画好一个完整的人物，但是却生出两个可爱、漂亮的宝贝，所以说他们从来都不属于我，也不是我创造的。我也不需要去用有限的自己去框住无限的他们。

## 四、改变沟通站位，成功与孩子结盟

我有一组来访家庭的亲子关系很紧张，父母反映最多的就是孩子整天跟几个同学混在一起，受同学影响很大，对父母的话从来都不屑一顾，甚至反抗到底。最近因为一个同学整天逃学，他也跟着不上学了。

在父母参加了一段时间的学习后，亲子关系得到了一定程度的改善，而有一次爸爸的一个举动，促成了孩子非常大的转变。

就在孩子不想上学的某一天，有一位邻居刘阿姨来家里借东西，他们那栋楼里住的都是多年的老邻居，很多人还是一个单位的，相互之间很熟悉。刘阿姨临走时很好心地跟孩子的父母说，"孩子不上学怎么行呢，得想办法让他回去"。孩子的爸爸后来说，如果放在以前，他可能会应和刘阿姨的话，会说"就是啊，现在的孩子太难管教了"或者"我根本不指望他能学好"之类的话，但是这一次，他突然站在孩子的角度上说："孩子是因为上次月考太累了，所以休息几天，过几天就好了。谢谢刘阿姨关心！"

这一天，孩子晚上没有出来吃饭，父母心里很忐忑，不知道他又在想什么。谁知第二天一早，孩子自己起床收拾整齐去上学了，从那以后孩子与父亲说话的态度也改变了很多。

### 1. 父母给孩子"面子"，孩子还父母"里子"

这对父母回想起这件事感触很深，父亲的一句话帮助孩子在外人面前维护了自己的"面子"，让他们从"敌军"变成了"盟军"。在外人面前给孩子"面子"，其实表达的是父母的信任和尊重，当孩子感受到这份信任和尊重时，就会更加愿意尊重父母。孩子就会更容易进入高能量循环中，自尊水平得到提升，与自尊水平匹配的行为表现就会越来越多。

反过来，如果这位爸爸当时说的是："我根本不指望他能学好！"孩子可能会自我否定、自暴自弃，其行为也会随之匹配他的内在感受。

### 2. 只用肯定来纠正

有个"是或不是"的小游戏，游戏规则就是不论对方说什么，都不可以用"是"或"不是"来回答。一旦说了这两个词，游戏就输了。

在这里也教给大家一个很类似的亲子沟通的小游戏，游戏规则是不论孩子说什么，父母都要想办法说出肯定的话语，同时又不能是虚假的。

比如父母正为"孩子对学习不上心，但是穿衣打扮却很在意"这件事发愁，之前父母可能会说："把心思放在学习上好不好？""作为学生还是穿得朴素一点好！"但这些都不是肯定语句，如果用肯定语句可以说："你对时尚潮流很敏感，上次看到 × × 时装秀里面有这个款式。"

父母无须纠结"那我就不督促孩子学习了吗？"就好像是在一个人的面前有一颗珍珠却拿不到，但还有一颗宝石可以拿到，这个人很忧愁地说："那我就不要珍珠了吗？"不要因为拿不到珍珠，宝石也丢在一边。既然现在是拿宝石的好时机，就不要错过。

肯定语句就是帮父母看到宝石，并提供及时摘取宝石的方法，谁能说这孩子以后不会在时尚界有所发展呢？

记得后面一定不要加"但是"，因为父母真诚地表达，比表达的内容更重要。肯定语句练习多了，也会让你发现孩子更多的优点，孩子也会变得越来越优秀。

# 第三节　治"尬聊"，不再做亲子对话终结者

## 一、孩子最讨厌父母说"聊一下"

提到亲子沟通，很多父母都会认为要针对孩子的某些问题很正式地"谈一谈"，颇像领导找下属谈话的感觉，话题很严肃，气氛假装很轻松。

孩子每次接收到父母"聊一下"的邀请时，都心存忐忑："是好事还是坏事？""又有什么小辫子被抓住了吗？""老师又投诉了吗？"

于是有的孩子会逃避说："没空，明天再说。""我忙着呢！"

也有的孩子会戴着防备的盔甲来"听聊"，他只是来听听父母要说什么，面对父母的问题一概用沉默来回答。

不管家长内心怀揣多少真诚和热情，但是这种正式的聊天方式确实不受孩子欢迎。因为这种"聊一下"，往往带着父母高高在上的威压，带着要纠正他的目的，孩子其实是带

着被"批斗"的心理准备来赴约的,所以,即使聊上了,也很难会有积极的效果。

其实亲子沟通可以以更轻松的方式来进行,下面介绍几种供家长参考。

### 1. 创造共同活动

适用于与孩子关系恢复的初期。正襟危坐地聊天是非常有压迫感的,可以选择在亲子共同做一件事情的时候来聊。当然话题选择也有禁忌,请根据具体情况来定。比如一起包饺子、一起散步这种非正式的活动,都会比较容易开启一段轻松的聊天。

外出吃饭或喝咖啡的时候,在一个比较新鲜且相对开放的环境中,父母和孩子都会感到"安全",双方都会认为对方在公共场合说的话会稍加斟酌。而且这种环境更容易让孩子感受到尊重和平等,家长也更能体会到聊天的时间很从容,因为在家里,孩子总会问"说完了没",然后急着回到他的小世界。

### 2. 设立家庭对话小栏目

适用于已经与孩子建立了较好的联结阶段。可以设定几个家庭内信息通报的有趣的方式,比如"广播通知"和"叮咚消息"。父母可以和孩子共同设定规则。

比如"广播通知",可以是某个家庭成员发布一条"广播通知"后,其他家庭成员只能听,一定要在隔天之后才能给回馈,当时不可以。好处就是其他家庭成员可以沉淀一下这个信息，经过慎重思考后再回复，避免因为考虑不周，或者情绪的原因而引发冲突。

比如"叮咚消息"，可以是某个家庭成员声明要发布"叮咚消息"了，那所有的家庭成员都要暂时放下手里的事情来回应这个消息。这类消息适用于提醒大家关注，避免因为各忙各的时候，忽略了家人迫切想要沟通的感受。

### 3. 召开家庭会议

适用于已经与孩子建立了较好的联结阶段。可以每周固定时间开一次家庭会议，有固定的时长，比如15~30分钟，让孩子没有压力。想要开好家庭会议，以下几点注意事项一定要做到：

（1）不是家长一言堂，大家轮流发言

好多父母将家庭会议开成了公司会议，领导发言之后，大家点头鼓掌，最后默默散会。家庭会议和公司会议有很大差别，家庭会议是家人情感联结的纽带，是在家庭里正式赋予孩子权利和尊重的场合。建立无差别轮流发言的机制是重要前提，好的家庭会议可以让孩子不断生出自信、自尊、自我接纳以及自我负责。

（2）零评判零说教，充分尊重

在议题讨论的环节，家庭成员要做到不评判对方提案的好坏对错，充分尊重每一个家庭成员的想法。但也不意味着所有的提案都会被采纳，因为最后要投票决定，全票通过的提案才会被采纳。

（3）过程要愉悦，结束要开心

有的家庭会议，开着开着就不欢而散了，原因多数是没有做到以上两点。试想一下，当"不欢而散"的感受与"家庭会议"联系起来的时候，大家是否还愿意再参加一次呢？大家心里一定是有阴影、有压力的吧？

家长在会议中是与孩子平等的对话角色，但是在会议的把控上仍然是灵魂角色。除在会议过程中一定做好前两点之外，会议结束时大家的心情也非常关键。有研究表明，最后15分钟的感受决定了参与人对活动的认知，也就是说如果最后15分钟很开心，孩子会认为这件事情真不错，下次再参与的意愿度也会更高。结束时可以一起玩个小桌游或者吃份甜点，开心结束，留下美好记忆。

## 二、话不投机半句多，"六不原则"带父母避开"讨人嫌"的坑

当家长们已经跟随这本书实践到这个章节的时候，与青春期的孩子畅快地聊天，已不是什么难事。但有时候也会遭遇聊得好好的，孩子突然兴致全无不想再聊的情况。父母一不小心又成了"话题终结者"，这有可能是刚好触犯了亲子沟通"六不原则"的某一条。

与青少年沟通"六不原则"：

### 1. 不在备考时聊考试

考试前，父母总想给孩子打打气、加加油，希望孩子能量满满考出好成绩。考试对孩子来说总会是一种压力，压力在适当的范围内，可以提起人的警觉和注意力，是有利因素。但如果压力值太小或太大，都会让有利程度降低。而父母在孩子考前聊考试往往会给孩子增大这种压力，尤其是父母反复强调考试的重要性，或者对孩子的担心，都让孩子处于紧绷、担忧甚至烦躁的状态。所以尽量备考期间不聊考试。

如果孩子过于紧张，可以引导他们放松心情；如果过于放松，也可以提醒他们做好第二天的准备，早点休息。

### 2. 不在考试后聊成绩

考后如果成绩好，孩子当然会愿意聊。但是青少年往往都不太乐意聊考试成绩，考试成绩出来时就已经成为过去，不管是好是坏，都要向前看。我们要怀着向前看的态度，再去总结考试中的得失，而不需要在成绩上过多关注和讨论。

### 3. 不在开始时讲过去

新年、新学期乃至新一周的开始，都是个全新的日子，全新的期待。父母有可能会跟孩子聊一聊接下来的规划，一定要注意的是，不要谈及"不要再像去年一样……""改掉上学期的毛病""这次不要再犯"这些话题。翻旧账不仅煞风景，而且会急速降低孩子的能量，因为这无异于在批评、指责，甚至是提醒，"别忘了，你还有那样一个糟糕的自己，看看你的过去，多差劲"！

### 4. 聊往事不建碑立坊

有时父母跟孩子聊聊自己的青春往事，孩子都非常乐意聆听，原来父母也曾有过青春，也曾有过有趣的往事。这本来是个让孩子和父母关系拉近的好话题，让孩子感受到"原来父母也曾经跟我一样"。可是如果父母想借此来激励孩子，往往会弄巧成拙。比如有的家长可能会炫耀自己当年的学霸身份，有的家长会忆自己的苦，思孩子的甜，这样就成了另外一种形式的比较和说教，沟通难免无疾而终。

### 5. 聊童年不扬彼抑此

聊孩子的童年趣事也是孩子喜欢参与的话题，孩子会从童年趣事中看到不同的自己，有时也可以从过往的事情中找到力量。

聊孩子的童年往事有两点需要注意：

第一，避免做"祥林嫂"。孩子有一些珍贵的镜头是父母永远甜蜜的回忆，但有时说多了就会变得索然无味。曾经有位妈妈讲述孩子童年的一段故事很感人，我看见孩子听了无动于衷，就好奇地问孩子的想法，孩子莞尔一笑说："老师，这个故事我妈见人就讲一遍，我听得太多了。"

第二，不与过去做比较。虽然过去和现在都是孩子的，但是如果父母总是过于怀念孩子过去的好，叹息孩子现在比不上过去那么乖巧懂事等，孩子听了心里仍然不是滋味，这与批评现在的他没有什么区别，而且好像还在暗指孩子的退步，这都会让孩子想要远离这个话题。

### 6. 时机不对不聊对错

古人言"教子七不责"，非常有智慧。父母在与孩子探讨是非对错时可以参考。

第一，对众不责：以免伤害孩子尊严。尤其是青少年很重视面子，可能会遭遇他当众冲撞。

第二，愧悔不责：孩子已经认识到自己的过失时，不要再咄咄逼人。

第三，暮夜不责：睡前不要给孩子带来沮丧失落的情绪，影响身心健康。

第四，饮食不责：饭桌上不说责备的话，以免导致孩子脾胃虚弱。

第五，欢庆不责：孩子开心欢乐时，不要责备打断，影响经脉畅通，不要见不得孩子高兴。

第六，悲忧不责：孩子哭的时候，"理智脑"处于宕机状态。责备、讲道理只能加重孩子的情绪负担。

第七，疾病不责：孩子生病时需要的是温暖和关爱，"让你多穿衣服就是不听"这类话就别说了。

家长还需要清晰的一点是，不管亲子关系有多好，青少年都不太可能像小时候一样整天缠着父母，滔滔不绝地讲话，他们仍需要自己的空间，仍会有自己的隐私和秘密，这是长大应有的样子。而亲子关系应有的样子就是在彼此尊重中相互滋养，相互支持。

## 三、换个角度说问题，孩子由对抗变感动

回想起最后一次与儿子的冲突，在我看来，当时孩子是莫名其妙地发火，并且把试卷都撕了，我过去轻声问他怎么了，他对我大吼让我走开。我心里顿时一股火直冲头顶，心想："我好心关心你，你还对我大喊大叫。"但是好在我忍住了，转身去做其他事。

不一会儿，我又听见儿子房间里传出很大的撞击声，我马上联想到他在伤害自己，于是又去敲门，大声地喊着请他开门。他开门后满脸泪水，仍然大声说："别来烦我！让我安静一会儿！"我坚持要进他房间，他大喊："等一会儿再说不行吗？！"

当我看到他房间里被扔得到处都是的书，还有被暴力弄坏的桌角，我再也按捺不住了……接下来自然就是一阵激烈的争吵。

吵的内容无非是孩子认为他没错，他也开门了，也让我等一会儿了，我就是不肯给他时间。而我认为他情绪这么糟，怎么能坐视不理，难道还等他把家都拆了吗？情绪再糟糕也不能拿物品发泄，这个家是我辛辛苦苦置办的，他怎么就这么不珍惜！有什么事情可以跟我说呀！

孩子反驳道："我拆哪儿了？都是我的错行了吧！你出去吧，让我静静，我不想跟你吵！"

母子之间的恶语相向、相互怨恨的眼神，仿佛彼此成了

这世界上最遥远的那个人。那一刻我就想摔门而去，然而，残存的理智告诉我不可以，我不能让我们的亲子关系定格在这一刻，不能让伤害停留在这里暗暗发酵。

于是，我迅速梳理情绪，思考到底发生了什么？我想要的是什么？此刻我发现，我为什么要询问，为什么非要挤进门来，为什么会说这么多，原来无非是担心孩子会伤害自己，看到孩子深陷糟糕的情绪之中，我希望自己能终止这一切，但是太着急反而把事情越搞越糟。

于是我坐下来，平静了一下说："是的，你之前跟妈妈说过，当你心情不好的时候，要给你5分钟的时间。可是妈妈听到你房间的声音很大，就忘记这个约定了。其实，是因为妈妈心疼你！"说到这里，母子俩都禁不住掉下了眼泪。从这里开始，我们说了一些掏心掏肺的话。

当孩子最后愿意跟我拥抱时，拍着他还因抽噎而颤抖的后背，感受他因为激烈情绪还在升腾的热汗，我心里一阵阵疼。孩子面对"隧道期"情绪的野马，不管他用什么方式，都是在尝试与之相处，这个小人儿也在经历他异常艰难的蜕变时刻。

在此之后，我们对彼此更多了一分理解，更多了一分信任，也多了一条可商量可探讨的沟通通道。可能在以后我们之间还会经历冲突，但是经过这一次，我们已经学会如何在冲突中尝试理解彼此、支持彼此，并且把冲突对彼此造成的伤害降到最低。

### 1. 不只看对方，更要看自己

在这个故事当中，妈妈一开始的关注点更多在孩子身上，孩子发脾气、摔东西、关房门，当妈妈以这样的角度去跟孩子沟通时，争吵不可避免地发生了。

后来妈妈在冲突中觉察自己："我想要的是什么？我为什么要询问？为什么非要挤进门来？为什么会说这么多？"原来，妈妈想表达的是对孩子的关心，却因没有清楚自己的目标，而演变成了与孩子的争吵。甚至，如果不及时觉察的话，妈妈很有可能会以为自己就是要制止孩子的不良行为的。

当妈妈及时认清自己的错误，并做了清晰的表达之后，亲子冲突开始消除了。

### 2. 把挑剔转化为"看见"

故事中的妈妈最开始看到的都是孩子激烈情绪的破坏性，但后来放下了对孩子的挑剔和成见，变为"看见"，"看见"孩子行为和思考中的积极的一面。比如：

| 挑剔 | 看见 |
| --- | --- |
| 又发脾气 | 孩子在尝试与自己的情绪相处 |
| 竟然对妈妈吼叫："等会儿再说！" | 孩子努力要自己调整情绪 |
| 拒绝交流 | 孩子即使很生气时，仍很珍惜母子关系：我不想跟你吵架 |

亲子矛盾在所难免，有矛盾也未必就是坏事。在矛盾中会让父母和孩子更加清晰地看到对方的需求，是加深彼此理解的更好的机会。

如果父母是真的想跟孩子沟通，就会发现每一次问题的出现都是一次契机，每一次矛盾和冲突都值得去感恩、值得好好利用，让每一次矛盾成为孩子成长的机会。

## 第四节　家长越害怕管不住，就越容易失控

### 一、"抱持"型父母：能量给予者

"抱持"型父母在面对孩子的问题时，能够对事态有很好的把控性，并有能力引导局面向着良性方向发展。同时又能给孩子成长有力的支持。往往"抱持"型父母有如下特点：

#### 1. 大一码的心胸：给包容

这类父母的心胸会更大一些，能装得下孩子的成长，包括他在成长中可能会犯下的错和可能会走的弯路。因为孩子要想自己真正地长大，很多事情一定要亲自去经历。如果用容器做比喻，"抱持"型父母允许的"口径"会很大，能够等得起，能够容得下。而不是一看到孩子犯错就暴跳如雷，急于纠正。比如到了青春期，"抱持"型父母知道孩子将要开始人生的蜕变过程，容许他反驳自己的观点，并能够欣赏孩子有自己的见解。当孩子的情绪难以控制时，不是跟孩子一起爆发，或者批评孩子"怎么会这样"，而是去同理孩子：

"你也很想控制情绪，但真的不容易对吗？"

### 2. 大一码的勇气：给支持

"抱持"型父母的勇敢会更多一些，他们敢于给孩子支持，敢于给孩子时间和空间。比如《银河补习班》里的爸爸在孩子被劝退的时候，勇敢地站出来支持孩子，敢于给孩子时间去成长为他自己，敢于给孩子空间让他追寻自己的爱好。

### 3. 慢一拍的反应：给允许

"抱持"型父母反应会更"慢"一些，当孩子说出他的观点时，他们不会马上就评判或反对；当孩子不开心的时候，不会急于让他忘掉不快，赶紧振作起来；当孩子无法解决问题的时候，不会立即给建议或解决问题的方案，他们会等待孩子，甚至有时会暂时保持沉默。但不是置之不理或放弃，他们一直在陪伴和支持孩子，告诉孩子"我等你准备好"。"慢"就是快，给孩子允许，孩子会还给父母惊喜。

### 4. 高一级的能量：给能量

往往"抱持"型父母的能量状态比较稳定，会持续处于较高能量级别的状态中。他们有较好的觉察能力，能够分辨自己和他人的情绪状态，能够在事前、事中及事后妥善处理情绪。孩子跟这类父母在一起常常被赋能，会有新的思路被激发，会有更多的想法去倾诉，会有更活跃的思维模式，会有更积极和放松的状态，会得到更多的开心和满足。

## 二、"失控"型父母：能量剥夺者

### 1. 大一码的掌控：剥夺力量

"失控"型父母都有更强烈想要掌控的心。"必须听我的"，会强行要求孩子听话，按照他们的规则办。他们不喜欢的、不认同的规则就是错的。会经常用对错来说话，而不是用可能性来沟通。即使号称给孩子自由，也无非是他们的"五指山"里的自由。随时随地约束和纠正孩子，似乎所有的一切都按照他们的想法来，这个世界才正常。否则就会触动他们的情绪爆发，或引发无休止的唠叨模式。父母越喜欢掌控，孩子越无力，或者孩子为了拿回对自己的掌控权，而产生对抗。

### 2. 大一码的焦虑：剥夺机会

"失控"型父母会有更多的焦虑和担忧，甚至恐惧。他们担心孩子做不了，害怕孩子活不好。他们担心孩子玩游戏影响学习，可是当孩子说"我不玩了，去写作业"，"失控"型父母又会担心孩子是不是在骗他们。当孩子表现出对很多事物的好奇和兴趣，他们会担心孩子兴趣太广泛，样样通样样松；当孩子特别专注于某项爱好，他们又会担心孩子兴趣太单一，会不会影响全面发展。这种担心不是对孩子的关爱，而是在让孩子为他们的安全感买单。孩子会不敢尝试，或者为了不让父母担心而放弃机会。毕竟小船停在港湾是最安全的，可这不是造船的目的。

### 3. 大一码的受害：剥夺欢乐

有的"失控"型父母的"受害者"情绪会更多一些，他们会认为自己付出了那么多，牺牲了那么多，却没有得到相应的回报。或者他们也会说"我为你付出了那么多，不求你的回报，只希望你能够……"，以父母的辛苦付出作为"要挟"，以让孩子能够顺从自己的想法，听从自己的建议。

如果父母经常说"我没日没夜地工作，还不是为了给你创造好的学习条件，希望你以后能出人头地过上好生活"，那么每当孩子娱乐休闲的时候，就会有深深的负罪感，认为父母那么辛苦，自己却在玩乐，真的是太不应该了。孩子不敢体验欢乐，不敢做"无用"的事，仿佛这样做就会成为父母受苦的根源。

### 4. 低一码的能量：剥夺能量

"失控"型父母的能量偏低或者像过山车一样大起大落、不稳定。

能量偏低会给孩子"压抑"的感觉，看到父母就好像头顶飘过来一片乌云，因为孩子知道下一秒不是被指责就是被说教，或者被吼骂。低气压状态会让孩子想躲避，想逃离，孩子跟家长在一起的时间无法放松，做事效率很低，甚至会常常意外"宕机"。而孩子的表现又会招致"失控"型父母更大的负能反应。

能量不稳定会让孩子无所适从。这类父母有时状态很好，有时状态很糟，孩子不知道什么时候会不小心踩爆"地雷"，时刻心悬一剑，或者随时要看父母脸色，尽量讨好父母，以免惹火烧身。当孩子的能量都用来"对付"父母，那么他用于成长和学习的精力自然就会减少。

## 三、爱回自己，方能爱满则溢

很多人都会力争做一个好妈妈或者好爸爸，甚至是"不敢不好"，因为如果做不好，内心会很愧疚。父母爱孩子没有错，想给他们最好的爱也没有错。只是，父母需要问一下自己："我有爱给孩子吗？我给出的是爱还是攫取呢？"这是个很令人痛心、很需要勇气来面对的问题。

如果你有"失控"型父母的几点表现，就要反思自己与孩子的相处模式了。往往"失控"型父母的行为反映出来的是他们内在的无力和无助，他们也不知道怎么办才会大吼，才会出言威胁，才会不停地担心和控制。当"失控"型父母已经认识到自己的不足，不需要自责、不需要自我攻击，先接纳自己，有时还得学会"认怂"，这是走向"抱持"型父母的起点。唯有自爱，才有能力爱他人。

### 1. 假装成"爱"的"黑洞"

心里的爱，就像杯中水，杯中丰盈才有机会爱满则溢，才能把爱给孩子，给身边人，或者给更多人。如果自己的内在都是枯竭的，一定没有爱给别人。因为一个人没有办法给出他自己没有的东西。

如果这个杯子上插满了毒刺，这些毒刺有焦虑、逃避、不自信、自责、自我否定等，这些毒刺把杯子戳得千疮百孔。杯中水顺着这些漏洞不断漏掉，那他又如何能够给别人爱呢？即使他收到很多爱、很多关怀、很多帮助，也可能会从这些漏洞中漏出去。

甚至会像个能量"黑洞"，不停地从身边人的杯子里舀水，自己却总是无法被填满。他渴望，他需要，所以会不断地攫取。比如特别希望孩子来完成自己的人生愿望，比如用自我牺牲来强求孩子的回报，比如对孩子说"看我的白头发都是被你累出来的"等。

### 2. 以"爱"为名的"毒刺"

杯子上的毒刺不仅会伤害父母自己，如果未经疗愈，这些毒刺就会一直在，还会不停地去伤害身边的人，包括自己的孩子。

很多父母不喜欢自己的父母曾经对待自己的方式，但现在却用这些方式来对孩子，用那些曾经伤害过自己的话语再次去伤害自己的孩子。事过之后后悔不已，但下次还会重复。重复的原因就在于，这个毒刺仍然在，这个伤痛仍未被疗愈。

### 3. 悦纳自己，爱回自己

所以"失控"型父母更要学会接纳自己、学会放过自己、学会爱自己。放过不是放弃，如果全然不管，而任其野蛮生长，也不是对自己好，而是放弃疗愈自己的表现。

如果压抑自己先去"爱"别人，比如说"我自己怎样都没关系，孩子最重要"，其实这是最大的虚伪。因为父母做出了牺牲和付出，就会对孩子有更大的期待，会有更大的攫取。如果孩子没有做到父母所期待的那样，父母就会生出极大的失望和愤怒，直到孩子无法承受。

自我负责就是对这个世界最大的贡献，爱回自己也是对身边人最大的善意。

## 四、去除"暗黑法器"，孩子爱上沟通

### 1. 来自"暗黑法器"的诅咒

每个人的潜意识都有三个来自黑森林的坏巫师，他们分别有三个暗黑法器：

第一个是"魔镜"，当一个人戴上这副魔镜的时候，这个世界就扭曲了，就失真了，不再是原来的样子，让人无法看到真相。

第二个是"黑冷窟"，如果一个人被黑冷窟控制，就会看到未来很多个可怕的结果。内心会充满恐惧，充满对未发生事情的担忧，会无休止地跟这些不存在的事情较劲。

第三个是"无影刀"，无影刀让人防不胜防，它知道每个人的弱点，刀刀致命。这把刀就是不断地批判、贬损，标志性的语言是"你不行，你做不到，你不值得"。

这三个坏巫师不仅会影响父母本身的工作生活，同时也会对孩子造成影响，成为孩子成长的束缚。

### 2. "魔镜"对孩子的影响

如果父母的"魔镜"是"事业成功就不会有婚姻美满"，那么孩子在追求事业成功的时候可能就会对婚姻悲观。

如果父母的"魔镜"是"有钱就变坏"，那么孩子为了成为一个好人，可能就会排斥对财富的追求。

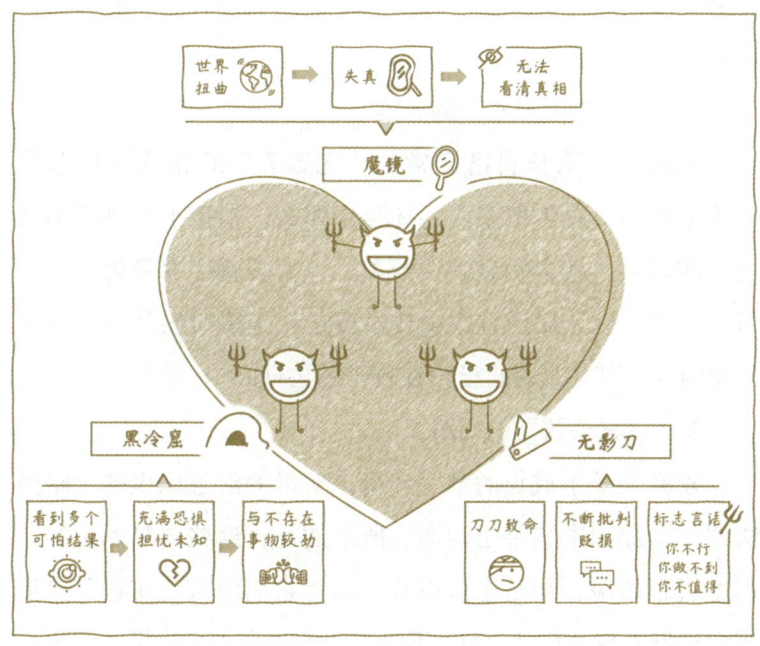

如果父母的"魔镜"是"学好数理化才能有出息"，那么孩子如果理科成绩不好，就会一直给自己设限，认为自己不会有出息。

### 3. "黑冷窟"对孩子的影响

如果父母的"黑冷窟"是对孩子成长的担忧和恐惧，比如担心孩子考不上好大学怎么办，担心孩子学坏怎么办，这些担忧和恐惧也会笼罩着孩子的生活，使其失去阳光和快乐。担忧往往就像咒语一样，引导孩子一步步走向它。

而且这些担忧和恐惧会给孩子造成巨大的压力，因为孩子能感受到这对父母有多重要，"如果我没有做好，可能父母会非常失望"。一旦真的没做好，孩子会有深深的愧疚和自责，甚至会选择轻生。

### 4."无影刀"对孩子的影响

如果一个家长自己经常被"无影刀"攻击为"你总是毛手毛脚的，总是把东西弄坏"！那么，当孩子做事不那么细心的时候，就会触碰到"开关"，家长就会变身为"无影刀"，用一模一样的方式来攻击孩子。很多时候父母对孩子暴怒呵斥，其实是对自己内在攻击的再现。

### 5."暗黑法器"的破解之道

家庭是孩子成长的第一环境，父母的潜意识里的"暗黑法器"会深深影响亲子沟通。所幸的是，这些"暗黑法器"看上去很凶险，却是虚张声势，因为它们没有"实权"。不管它把世界扭曲成什么样，不管它给人带来多少恐惧和焦虑，不管它有多么"致命"，当这个人有所觉察时，它是没有办法造成真正的伤害的。

比如当一个人觉察到，"我这个想法不是真的，无非是'魔镜'想要干扰我"。那这个"魔镜"就会自动消失，外在世界的真实样貌就会呈现。

比如一个人觉察到，"我这些对未来的忧心忡忡其实是'黑冷窟'的幻象，并不是真的"。那这个"黑冷窟"的作用也会立即消退。

比如一个人觉察到，"这么多的'差评'其实都来自'无影刀'的中伤，我才不会顺从你意，拿起这把刀伤害自己呢"。那这把"无影刀"就根本起不了伤害的作用。

所以，决定用不用这些"暗黑法器"的人是自己，如果你被幻象迷惑，来使用它们，那么你和家人都会被伤害。如果你决定不用，这些"暗黑法器"就只能销声匿迹。

当父母自身能够去除掉这些"暗黑法器"的限制，亲子沟通就会轻松、不被束缚。父母更加容易靠近"民主"状态，而孩子在与父母的沟通中也会感到更温暖、无压力。

# 第四章

# 懂得：
# 看见彼此，亲子共赢

了解孩子内在稳定"三角"，做"我懂你"的父母，学会"感受表达法""期待表达句式""二分模型"，就不难让孩子做到"你懂我"。巧借 DISC 熟谙孩子行为风格、五步法建立有效规则，轻松掌握与青春期孩子合作的秘诀。

# 第一节 "我懂你"，对话孩子"冰山"下的内在需求

## 一、谁动了青春期孩子心理稳定的"三角"

2019 年上映的电影《少年的你》引起了很多人的关注，在这部电影中让人们看到了青少年在这个特殊的年龄阶段所遇到的成长压力，有令人触目惊心的灰暗，也有在黑暗中被点亮的希望。我看这部电影时无数次地掉泪，无数次地感到心疼。真的希望每一个孩子，都能在他们成长的最关键时期得到有力的支持。

安全感、归属感和价值感是青少年最重要的几项内在需求，是支持青少年独立发展的基石。三角形是个稳固的结构，如果一个孩子的安全感、归属感和价值感都是充足的，那孩子这个内在三角就是稳固的，就更能够支撑他顺利地度过青春期。

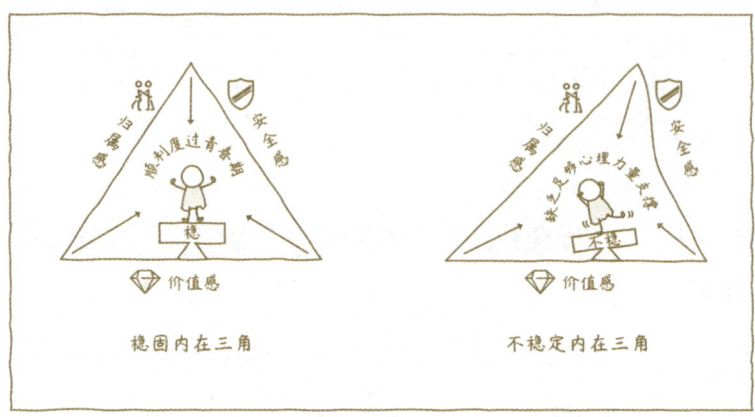

稳固内在三角　　　　　　　　不稳定内在三角

　　但如果有某一个方面是缺失的或者薄弱的，都容易造成这个内在三角不够稳固，当他遇到发展难题的时候，就很难有足够的心理力量来支撑。就好比一个成年人在健康状态时能够扛得起 100 斤大米，但是当他生病的时候，可能对他来说 20 斤大米都是很大的压力。

### 1. 安全感是一个人渴望被爱、被关怀的心理需求

　　人人都渴望重要关系稳定、可靠、安全。安全感得到满足的人在处理事情时，会有足够的确定感和可控感。而缺乏安全感的人常常会有强烈的自卑和敌对情绪。

　　当一个人对一段关系感觉到没有安全感，就会过分地想要抓住或引起对方的注意。对于孩子来说，父母的爱和关怀是安全感的最重要来源。孩子也会用各种方式来试探，从而来确定自己在关系中是否重要、是否安全，这份关系是否足够可以信赖。

由于青少年的自理能力已经很成熟，加上青春期各种独立的表现，父母可能会误以为他们已不再那么需要父母的爱，这会导致孩子的安全感缺失。所以不管孩子多大，父母对孩子爱的表达都不可或缺，让孩子确信任何时候父母的爱都在。

**2.归属感：归属是一个人与他所属群体的内在关系**

归属感是个体对特殊群体及其从属关系的划定、认同和维系的心理表现。对于青少年来说，归属感可分为学校归属感、同伴归属感和家庭归属感。三者都很重要，无论哪一个出了问题，都会影响孩子的心理需求。

（1）学校归属感。青少年如果在学校环境中得到老师和同学的接受、尊重和支持，他能在这个群体中找到情感诉求，就会认为自己是学校生活的一部分，会积极投入各项活动。学校归属感缺乏的孩子会对学习失去兴趣，责任心不强，不愿意参加学校的活动，甚至不愿意上学。

（2）同伴归属感。青少年的同伴包括同学，但不限于同学，同伴归属感缺失，会导致青少年社交意愿低，缺乏兴趣爱好。

（3）家庭归属感。有一个让孩子放学就愿意回去的家，对于青少年来说非常重要。家是所有人的归宿，在家里感受到温暖、爱、安全、可依赖、被需要，这种踏实感可以抵挡外面的一切风雨和不如意。如果家里充满斥责、吵架和冰冷的感受，那么孩子就不愿意回家，他们甚至会在某次失望中选择离家出走。

归属感缺失的孩子更容易迷恋手机或游戏。

### 3. 价值感：自我价值感

价值感是指个体看重自己，认为自己的才能和人格受到社会重视，在团体中享有一定地位，并有良好社会评价时，所产生的积极情感体验。价值感高的人自信、自尊、自强，不会轻易被他人影响，价值感低的人总会觉得不如别人，好机会好事情轮不到自己，也害怕得罪人，做事畏手畏脚，不敢争取利益，或者特别容易被别人的评价所影响。

比如有人说："我不喜欢你！"价值感低的人会觉得很失落，很没面子，或者恼火反击："我也不喜欢你！""谁要你喜欢！"而价值感高的人会认为"你喜欢或不喜欢，跟我没有关系"，或者"可是我喜欢你呀，跟你无关"。

对于青少年来说，自我价值感来源于父母无条件的爱和尊重，"不需要你成为什么，不需要你会什么，不需要你成绩好，你已经值得拥有爱和尊重"。

父母在与孩子沟通，看到孩子出现问题时，发觉亲子关系出现问题时，要多从这三个方面去尝试理解孩子，去了解孩子的内在需求。

## 二、安全感——你的爱孩子收到了吗？

（1）青少年安全感探索方式

我有没有获得爱和关怀？我是不是父母最重要的人？父母和这个世界可靠吗？值得相信吗？

（2）青少年安全感确认方式

我是被爱和被接纳的！我对父母来说非常重要，胜过一切！父母和这个世界都值得我信赖！

（3）青少年安全感被伤害方式

经常被否定、怀疑、指责，父母情绪不稳定、难以捉摸。

有个小故事，有一天老两口吃饭的时候，老爷爷把鱼头夹给老奶奶，老奶奶突然就哭了。老爷爷问她为什么哭啊，老奶奶说："我最不爱吃鱼头，可是30年了，每次你都把鱼头给我吃。"老爷爷一听也哭了，说："我最爱吃鱼头了，可是30年来，我把鱼头都给了你。"

这听上去是个笑话，却让人心酸，老爷爷的爱，老奶奶并没有收到，反而还让老奶奶积攒了这么多年的委屈。

青少年需要安全感，需要确信没有什么可以动摇父母对他们的关爱——不管他们是否情绪起伏不定、是否达到父母的期待。孩子的安全感很大程度上来源于他能够获得父母足够的爱和关怀。几乎所有的父母都不会吝惜地给孩子爱和关怀，可并不是所有的孩子都能收到。

在与一个初二的女生的访谈中，她告诉我最近两年她在家里从来没有笑过，觉得没有什么事情能让她开心。父亲总是唠叨她，让她很厌烦，觉得跟父亲的距离越来越远。父亲看到访谈结果有点落寞地说，"难怪她跟我像两块同极磁铁，我走到哪里，她马上就弹走，原来是烦我啊"。而孩子跟我说，"在爸爸眼里我做什么都不对，他恨不得给我编个程序，做成机器人"。

而事实上这个父亲对女儿特别疼爱，他不希望女儿受伤，不希望女儿犯错，不希望女儿走弯路，所以会给女儿善意的提醒，但是他的一番爱意女儿并没有收到。

通过访谈，父亲看见了女儿对安全感的需求，之前他会更加关注女儿如何把事情做对，但是比把事情做对更重要的是父女之间亲情的联结。

青少年在经历人生走向独立的蜕变中会更希望能够确认父母的爱，这是他勇敢地向未来出发的原动力。


### 三、归属感——世界那么大，哪里是接纳我的地方？

（1）青少年归属感探索方式

我属于哪里？哪里可以让我获得爱和尊重？

（2）青少年归属感确认方式

我是被需要的，我在这里感觉很好。

（3）青少年归属感伤害方式

排挤、欺负、孤立、冷处理，不被需要，多余的。

青少年的归属感来自他所在的群体，比如家庭或学校。如果孩子的家庭归属感缺失，他就会不愿意回家，如果学校归属感缺失，他就可能会厌学。孩子的归属感取决于这个群体对他的接纳程度。有一句话是"刷存在感"，如果一个人在一个群体里有存在感，他就愿意在这里待着，如果自己在这个群体里是透明的、被忽视的、不被接纳的，那他就不会有归属感。

一位初三男生的妈妈非常苦恼于孩子总是玩游戏。我在访谈的过程中了解到，从初一开始，妈妈就特别不喜欢他的朋友，他们一起出去踢足球，妈妈会认为他们不好好学习只知道玩，不允许他跟这群朋友在一起，有时会当着朋友的面把他领回家，每当这个时候，他都会觉得特别没有面子，对妈妈非常抵触。但凡妈妈不让干的事情，他都非干不可。于是亲子冲突也与日俱增，家里天天鸡飞狗跳。也正是从那个时候开始，孩子玩起手机游戏来就一发不可收拾。

青少年跟同龄人的交往，是他在外面世界中确认自己的途径，是孩子"同一性"发展的重要部分。伙伴关系对于孩子来说非常重要，而妈妈对孩子同伴的否定、不接纳，以及让孩子在同伴面前没有面子的做法，让孩子在这两个群体的归属感都受挫了，于是孩子进入了手机游戏这个虚拟世界，在游戏当中去寻找确认，寻找归属感。

《郑渊洁的家庭教育课》当中有这样一句话，"你如果能真心、平等地和孩子在一起，孩子是不会有网瘾的"。这里指的就是孩子的归属感。父母要让孩子知道，在这个世界上，至少还有家，还有父母是接纳他的。

当你对着那个摔门而出的少年的背影声嘶力竭吼出的不再是"你走了就不要回来"！而是"你走可以，但是别忘了回家吃饭"！那么至少在这茫茫人世间，孩子知道家门会永远无条件地为他敞开。

## 四、价值感——我是不是一个有用的人？

（1）青少年价值感探索方式

我是否值得获得爱和尊重？我是否对别人有价值？

（2）青少年价值感确认方式

我是有价值的！我值得被爱！我要，我愿意，我负责！

（3）青少年价值感被伤害方式

包办代替、批评、说教、贬低、漠视、嫌弃、控制、条件式。

青少年开始有了关于人生更多的思考，其中很重要的一点就是：我的存在有什么价值？我是不是一个有用的人？

在电影《少年的你》剧情里，小北后来对陈念说了这样一句话："那说好了，你保护世界，我保护你。"这句话不是懵懂少年的情话这么简单，小北以前是什么样的人？成绩不好、从小混迹街头、生活在社会底层、终日打架混日子，可能他觉得自己就是个没有什么价值的人，所以就会自暴自弃，他因为陈念找到了自己的价值所在。陈念是有抱负的人，她想保护世界，这是有价值的。小北保护陈念，那小北也找到了存在的价值。于是，陈念成了他最想不顾一切去成就的希望。一个人一旦能够确认自己存在的价值，他的小宇宙才能真正地运转起来。

可能有的家长会认为，"我的孩子学习很好应该不会没有价值感吧"。事实上，学习成绩不是唯一的价值感所在，也不应该成为孩子唯一的价值感所在。

一位读初二的品学兼优的女生在访谈中反映出来价值感非常低，这是父母始料不及的。原来孩子最喜欢的集邮，被妈妈说为"烧钱"，被爸爸批评为"不务正业"，孩子会因此产生自我否定，认为自己喜欢的事情毫无价值。而且一旦学习成绩不好，父母的脸色就很难看，孩子认为只有学习好，才能被爱，否则就不值得被爱。所以，即使别人看上去她是很优秀的孩子，但是她自己的内在价值感却非常低，对自己很没有信心。

真正的价值感是基于孩子的自我认同与自我接纳的程度，而孩子能够形成怎样的自我认同和自我接纳，与亲子关系密切相关。当一个孩子因为成绩不好，或者因没有考满分而被父母责骂批评时，孩子的价值感就会很低；而如果他因为大大小小的事情被肯定，被认可的时候，价值感就会像储蓄罐一样，一点一点被塞满。

对于青少年，父母能够在具体事情上给他们的帮助其实非常有限，但在内在需求方面是完全可以给予孩子充足的安全感、归属感和价值感的。也就是说，父母完全有能力让孩子有足够的心理力量去面对人生困境或者挫折。

孩子们要开启自己的小宇宙，要踏上自己的征途，那一切都是父母未知的将来，那里写满父母无法参与或极少参与的故事。

虽然成长是自然而然发生的，即使什么都不做，孩子也会长高长大，但父母对孩子成长的支持，却往往不是自然而然发生的。父母也要感谢自己，打开这本书，就是愿意打开一扇理解孩子的窗，愿意架起一座通往孩子内心的桥梁，愿意努力去做支持孩子成长的父母。

## 五、青少年"内在三角"状况小测评

真诚邀请青少年来做一下这份小测评，并分别在情况符合的一栏打勾，如果打勾的项目超过 13 分，就需要引起父母的重视。

（参考资料：SI 家庭评量之青少年适应度评量）

| 安全感：（单选，请根据答题的感受程度，在觉得最可能的选项范围中打「√」） | 从不 ↓ 偶尔 （A） | 有时 ↓ 经常 （B） | 常常 ↓ 总是 （C） |
|---|---|---|---|
| 1. 如果我表现得不如父（母）亲预期，父（母）亲就会唠叨个不停，让我觉得自己很糟糕。 | | | |
| 2. 我向父（母）亲发出需求信息时，父（母）亲经常没有注意听，或者不重视，不及时回应。 | | | |
| 3. 我需要关怀的时候，父（母）亲往往体会不到。他们来关怀我的时候，往往我并不需要。 | | | |
| 4. 我很少有想要跟父（母）亲聊天的愿望。 | | | |
| 5. 在家里我很少能够感受到快乐和轻松。 | | | |
| 6. 父（母）亲很啰唆，让我很厌烦。 | | | |
| 评 分 | | | |
| 【（1）各题选择A得1分、B得2分、C得3分；（2）将A，B，C各栏累加；（3）算A＋B＋C得出总分】 | （总分）＿＿＿＿ | | |
| 归属感：（单选，请根据答题的感受程度，在觉得最可能的选项范围中打「√」） | 从不 ↓ 偶尔 （A） | 有时 ↓ 经常 （B） | 常常 ↓ 总是 （C） |
| 1. 班上大多数的同学不能肯定我，使我觉得跟他们不是团体中的一份子。 | | | |
| 2. 比较喜欢一个人单独活动，而较不愿意和他人交互。 | | | |
| 3. 师长让我觉得有偏心的感觉。 | | | |
| 4. 我的父（母）亲不欢迎我的同学或朋友到家里来做功课或进行其它活动。 | | | |
| 5. 我觉得父（母）亲不会相信我所说的话。 | | | |

| | 从不 ↓ 偶尔 (A) | 有时 ↓ 经常 (B) | 常常 ↓ 总是 (C) |
|---|---|---|---|
| 6.家里的事情，父（母）亲不会与我商量，或者不重视我的建议。 | | | |
| 评 分 | | | |
| 【（1）各题选择A得1分、B得2分、C得3分；（2）将A，B，C各栏累加；（3）算A＋B＋C得出总分】 | （总分）_____ | | |

| 归属感：（单选，请根据答题的感受程度，在觉得最可能的选项范围中打「√」） | 从不 ↓ 偶尔 (A) | 有时 ↓ 经常 (B) | 常常 ↓ 总是 (C) |
|---|---|---|---|
| 1.父（母）亲或老师认为学习好是第一件大事，学习不好的孩子就不是好孩子。 | | | |
| 2.跟学习无关的事情，我即使做得再好，父（母）亲也不会夸赞，有时还会反对。 | | | |
| 3.我对于不知道的事或发生的原因不会有想去知道或进行了解的动机。 | | | |
| 4.除了学习成绩，我想不出还有什么可以肯定自己的能力。 | | | |
| 5.没有哪门学科让我肯定自己有特定的能力。 | | | |
| 6.我觉得自己各方面都不如他人。 | | | |
| 评 分 | | | |
| 【（1）各题选择A得1分、B得2分、C得3分；（2）将A，B，C各栏累加；（3）算A＋B＋C得出总分】 | （总分）_____ | | |

"内在三角"各项总分结果：

6～9分；请持续保持目前的心态与感受，对于学习会更好。

10 ~ 13 分；要注意一下有勾选 C 项目的题目，可以跟父母多聊聊，避免产生更多误解。

14 ~ 18 分；你可能是想多了，可以跟父母先沟通，或是找学校的辅导老师协助。

# 第二节 "你懂我"，清晰表达，告别误会

## 一、不再发火的"感受表达法"，让孩子听懂父母

父母与孩子沟通是希望彼此能够听懂对方，父母要及时把信息和想法传递给孩子，并能够形成有效的互动，亲子之间会因为沟通而拥有更亲密的关系。

人与人沟通有五个层次，由浅到深分别是打招呼、讲事实、说观点、循感觉、有默契。沟通一定是由浅入深的，比如一个人跟陌生人或者不太熟悉的人，就是处于见面"打招呼"的第一个层次，不太可能会跟对方说，"我今天太开心了"。

更进一步的聊天是"讲事实"，记得学英语的时候老师说两个人见面打招呼之后，可以谈天气。一方面素有"雨伞之国"之称的英国天气变化无常，所以会更容易成为大家的谈资，但更为重要的原因是"天气"这个中性话题不涉及个人

的隐私，比较安全无害。还有中国人最常见的问候"吃了没"都属于讲事实。

第三个层次"说观点"就是表达观点和看法，当两个人能够交流对一些事情的观点的时候，关系就更近一步了。但很多家长在这个层次就已经把沟通给扼杀了。

"你懂什么，听我的没错！"

"你不需要想那么多，心思要放在学习上。"

"这个想法太幼稚了，根本不可行，你连××都没考虑到。"

不允许孩子有观点，或者打击孩子都会让亲子之间的交流仅能维持在第一、第二个层次，彼此成了最熟悉的陌生人。

如果"说观点"的沟通能够顺利进行，双方沟通愉悦，那就有可能会在"循感受"的第四层次有更多的沟通，比如"这些事情曾经让我很沮丧"。只有抵达感受的沟通，才能架起通往彼此内心的桥梁。

最后可以实现"有默契"，能实现这个层次的沟通，是亲子之间彼此的幸运。

在这几个层次当中，"循感受"是最关键的环节，但也是很多父母感到最难的部分。很多来访家长会抱怨无法与孩子沟通，其实很多时候是因为父母不擅长表达自己的感受。

有一次我与很多父母在家长工作坊中做表达感受的练习，比如孩子睡觉晚，一位妈妈表达说"我觉得她应该早点睡"，然而这是表达想法，并不是感受。当我建议她可以尝试用"我感到"来表达的时候，这位妈妈依然很茫然，想了很久说，"我没有感受呀！我就是觉得孩子应该早点睡"。

这种情况在中国家庭中非常常见，人们不习惯表达自己的感受，以至于感受都变得钝化。有人生气的时候摔东西，有人难过的时候猛吃零食，有人烦躁的时候骂人，有人感到无助的时候只会抱怨……这些不仅不能够让自己变得好起来，而且会让自己跟对方无法沟通。

"妈妈，你生气了吗？""我没生气，有啥好生气的，你好好学习比什么都好了！"

"你翅膀硬了，不用我们了，就把我们撇一边……"

"你太让我失望了！我就不应该生下你！"

"你从来都不能给我减轻点负担，我都快累死了！"

在以上这些表达中，父母都没有很好地表达自己的感受，因此让沟通无法顺利进行。而说不定有一天，孩子会套用父母的句式："你根本就不应该生下我！""我就是这么没用，你别指望我了！"……语言是从环境中习得而来，孩子最大的语言环境就是家庭，每个人的语言、行为、思维模式都在很大程度上带着原生家庭的印痕。

父母与孩子的每一次对话，都是在为孩子播下日后与他人沟通方式的种子。当父母用表达感受的方式来完成这些沟通的时候，就会发现有很大不同。

妈妈在说"有啥好生气"的时候，可能想要表达的是"我很担心你写不完作业，因为你今天看电视的时间超时了"。

家长在说"你翅膀硬了"的时候，可能想表达的是"我还没太适应你已经长大，已经不再处处需要我们的事实，所以我还挺失落的"。

家长在说"你太让我失望"的时候，可能想表达的是"我有些困惑，这件事情我本来以为你可以完成得很好"。

家长在说"我都快累死"的时候，可能想表达的是"你把衣服到处乱扔，这让我很烦躁"。

换一种更加贴近自己感受的表达时，对完成沟通目标会更有帮助。而且也能很好地帮助父母梳理自己的情绪，更重要的是，父母要给孩子一个正确的沟通示范，可以用这样的不伤害双方的方式来清晰表达自己。

## 二、期待表达句式，让孩子学会理解父母

对话一：

父母：看你的房间乱得像个猪窝！我昨天刚收拾好，今天就乱成这样！

孩子：谁让你收拾了，把我的飞机模型都弄坏了我还没说呢。

对话二：

父母：饿了就知道来找我，从来就不能帮我干点儿活！

孩子：那我就不吃了呗！（扔下筷子出门）

对话三：

父母：这么大个人了，一点礼貌都没有！我跟别人说几句话，你总是来插嘴。

孩子：那我以后一个字都不说了！

好多青少年的家长一肚子苦水，认为孩子长大了，变得越来越难以沟通。其实未必是孩子变了，而是父母之前的沟通中存在的问题因为孩子到了这个年龄阶段而浮出水面而已。之前孩子不敢说不、不敢反抗，现在孩子会立场鲜明地表达自己不愿意接受。

上述例子当中的父母都有一肚子想要表达的话语，可是说出来不仅不能获得孩子的理解和配合，反而还容易引发亲子冲突。

这几句话的共同特点是，前面一半是指责，后面一半是抱怨。家长们可以回忆一下，自己在生活中有没有经常使用这样的句式？

用这样的句式沟通往往会引来孩子的反感和对抗，也会引发父母更多的负面情绪，并且达不到任何沟通的效果。孩子并不会因为这样的沟通，下次就很好地保持房间整洁，也悟不到下次要帮家长干什么活，甚至会想"你说我没礼貌，好啊，那我就没礼貌给你看"！

这些家长沟通失败的原因有三点：

## 1. 沟通不是攻击武器

如果父母用批评和指责作为对话的开头，就相当于向孩子宣战："来吧，让我们打一架。"沟通是达成双方合作的工具，而不是攻击对方的武器。

例句当中的"总是""从来"是中伤亲子关系的利器，因为它代表孩子过去不好，现在不好，很可能未来也不好。

### 2. 沟通不是情绪发泄

父母的抱怨唠叨就好像被打开了闸门的水库，压抑许久的辛苦、埋怨和委屈化成一句"都是你的错"，像洪水一样向孩子奔腾而来。孩子瞬间被父母的负面情绪所淹没。沟通是双方感受的流动，而不是单方情绪的发泄。

### 3. 没有合理表达期望

在上述例子中，父母的表达唯独没有说明白他们期待什么样的合作，期待对方怎样的回应。就好像一个人上了出租车，跟出租车司机讲："我很赶时间，你要快点开车，千万别绕路。"但却没有跟司机说他要去哪里。

如果这些话都可以重新说，要如何来表达自己才能够获得孩子的理解呢？父母可以尝试如下表达句式：我感到_____，因为_____，我希望_____

在这个句式中，父母通过"我感到"表达了自己的感受。可能很多家长并不习惯表达自己的感受，需要通过生活事件多多练习，慢慢就会形成新的表达习惯。父母也一定会受益于这个新的表达习惯，因为当一个人可以很好地识别自己的感受，并能够很好地表达，就不会被情绪莫名地左右，从而获得一份对自己情绪以及状态的掌控力。所以说，孩子真的是父母生命的礼物，正因为与孩子相处的痛苦和困惑，很多父母开始觉知自我，向内探索，不断完善，真正走上丰富多彩的人生之路。

"因为"是对事情简要的描述，这个句式决定了这部分内容不能长篇大论，要尽可能简明扼要地紧缩为一句话描述。

"我希望"表达的是父母这一次沟通的期待，期待越具体越好，因为这也是孩子下一步行动的参考。比如"我希望你能保持房间整洁"，就不如"我希望你能把垃圾及时丢掉"更具体、直接，更具有可执行性。

案例 1：

[ 原表达句式 ]

看你的房间乱得像个猪窝！我昨天刚收拾好，今天就乱成这样！

[ 期待表达句式 ]

我感到很困惑 / 无奈 / 恼火，因为每次帮你收拾好房间，它很快又乱了，我希望你能把垃圾及时丢掉。

案例 2：

[ 原表达句式 ]

饿了就知道来找我，从来就不能帮我干点儿活！

[ 期待表达句式 ]

我常常感到很无助，因为一个人做家务，有时确实会忙不过来，我希望你在吃饭前能帮我擦擦桌子、端端饭菜。

案例 3：

[ 原表达句式 ]

这么大个人了，一点礼貌都没有！我跟别人说几句话，你总是来插嘴。

**[期待表达句式]**

我感到很不开心／不痛快／恼火，因为我跟别人讲话的时候被你打断了好几次，我希望你可以让我们说完之后，再来处理你的事情。

## 三、二分模型，让父母遇问题不慌

在家长学习了这么多沟通方式以后，当亲子关系再次陷入困境时，可能仍然一头雾水，仍然无法确定这对应的是书上的哪一条。在家长不知所措的同时，就又走回从前沟通的老路，再次进入负能量循环中。

我根据多年的家庭咨询经验，总结了一个亲子问题二分模型，可以帮助家长在第一时间做较为清晰的认识，通过两次二分法找到解题思路。

### （一）第一次"二分"

当父母遇到任何亲子问题或困扰时，都可以马上把思路分成父母和孩子两个部分：

1. "我的'滤镜'是什么"（想法）

也就是说父母是怎么看待这件事情的，在父母内心是怎么定义这件事情的。为什么说是我的"滤镜"，而不是说"事情的真相"呢？因为往往父母如何看待这件事情并不等于事情的真相就是如此，如果把"滤镜"当成"真相"，就很容易陷入误区，并且大多时候，父母的困扰都是来自太把"滤镜"当"真相"了。

亲子问题二分模型

比如当"滤镜"是"孩子脾气不好"，而真相是"他很想控制情绪，但是青春期的大脑发展还无法让他马上适应"，如果错把"滤镜"当"真相"，就会错失与孩子联结和理解孩子的时机。

在这一步，只需要简单找出"滤镜"即可，不用去判断这样的想法是对是错。

2."孩子启用了什么样的'保护罩'"（行为）

每个人的行为都是趋利避害的，都是由某种动能驱使的。父母可以通过孩子的行为表现，放下关于"对错"的考虑，去思考，他这样做是为了保护自己什么？这样做如何更加有利于自己？

为了能够更好地找到"保护罩"，父母可以以"我"为主语来回答这个问题，也就是如果把父母放在孩子的角度，会如何回答，这样会更加快速找到答案。

比如孩子玩游戏刷手机这个行为的"保护罩"是什么？有可能是"爸爸妈妈很少说我好，但是在游戏里大家都认为我很不错，我在这里很开心"或者"我很想跟同学们保持一致，我不想让他们忘记我的存在"。

在这一步，同样地，只要简单找出"保护罩"即可，不需要加上任何评判。

（二）第二次"二分"

再把孩子的"保护罩"分成父母和孩子两个部分来思考：

1."因为父母做过什么，或者没做什么"导致孩子启用了"保护罩"？这个问题指向的解题思路就是这本书中具体的亲子沟通方法。比如"因为父母总是指责我"，那就可以调整沟通方式，多说"我"少说"你"，多关注孩子做到的，少关注孩子没做到的。

2."孩子有哪些未被满足的内在需求"导致孩子启用了

"保护罩"？这就是解题思路，孩子未被满足的内在需求，是安全感，还是归属感，抑或是价值感？父母可以按照书中的方法去重建、去赋能。

再来看"滤镜"带来的思考是什么。通过"滤镜"，父母可以觉察到"我的担忧是什么？"从而对照出自己内在的限制性信念或投射。这是通过孩子的问题反映了父母的内在，帮助父母的内在不断成长，督促父母有意识地进行调整，不断成为更好的自己，这是非常值得感恩的。父母可参考使用书中去除"暗黑法器"的方法去解题。

下面以"孩子经常撒谎，不说实话，妈妈多次指出都不改"这个困扰为例，来运用二分模型，看看可以帮助家长获得怎样的解题思路。

【第一次"二分"】

家长的"滤镜"是"孩子撒谎"——家长的担忧是"害怕孩子学坏、害怕自己教不好孩子、自己小时候因为撒谎被批评过"。

解题思路：去除"暗黑法器"。

孩子的"保护罩"是"害怕被妈妈批评，渴望被认可"。

【第二次"二分"】

"因为父母做了什么，没做什么"——孩子的想法是"妈妈很少认可我，发生了什么事情都是别人对，而是我的错""我很希望妈妈能表扬我一次，谁知道被发现了是造假。我不想承认，否则妈妈会认为我更差劲。"

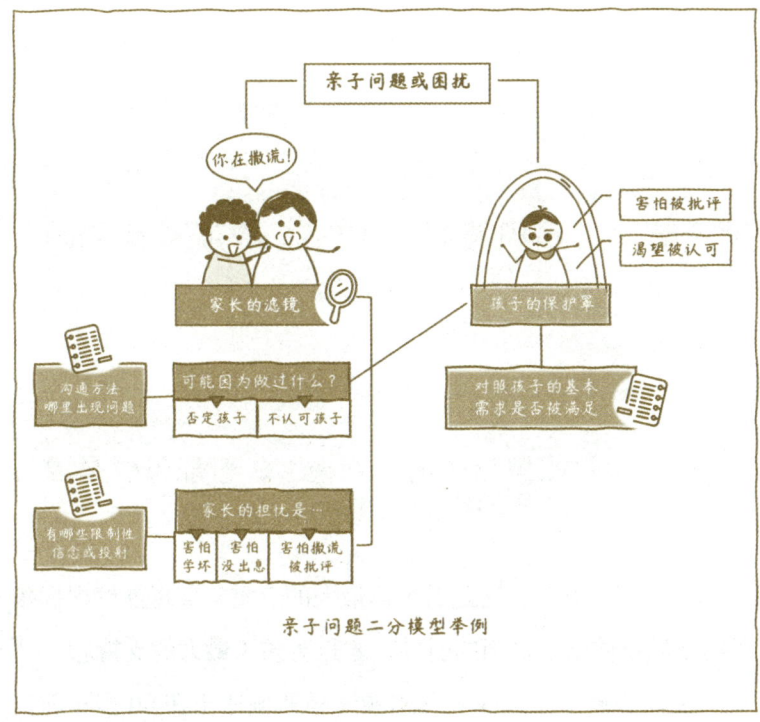

亲子问题二分模型举例

　　解题思路：父母与孩子的沟通方式让孩子感受到不被理解，在负能循环中，重建沟通管道。建立高能量循环的沟通，为孩子赋能。

## 第三节 "看见彼此"，DISC 成就双赢沟通

### 一、父母眼里孩子的"叛逆"，可能仅仅是因为不了解他的行为风格

"看到对方"，这是对个体最大的尊重。父母能够根据孩子的不同特质给予恰当的引导，才是对孩子最大的支持。

美国心理学家威廉·莫尔顿·马斯顿博士在 90 多年前提出了 DISC 行为分析方法，主要用于提升对人的敏感度，现在成为全世界范围内被广泛应用的一款行为风格的工具。下图是国内经由人力资源专家李海峰老师 20 年本土化实践后，被应用最多的 DISC 模型。通过这个模型可以了解一个人的行为倾向性，让使用者更好地管理自己和影响他人。

假设几个孩子在小区的楼下打球，突然被保安告知这里不可以打球，孩子们的反应各不相同。

有的孩子说："凭什么不让，我们一直都在这儿玩的！"

有的孩子说："叔叔再让我们玩一会儿嘛！我们马上就

打赢他们了！"

有的孩子说："我们去另外一边玩吧，我们在这里可能太吵了。"

有的孩子说："这里离居民楼××米，按规定这个地方是可以用来娱乐的。这个保安每天6点钟准会来管闲事。"

面对同一件事，不同的孩子表现出来的行为完全不同。如果用DISC来对照，四个孩子在这件事情上表现出来的行为模式分别是D、I、S、C。

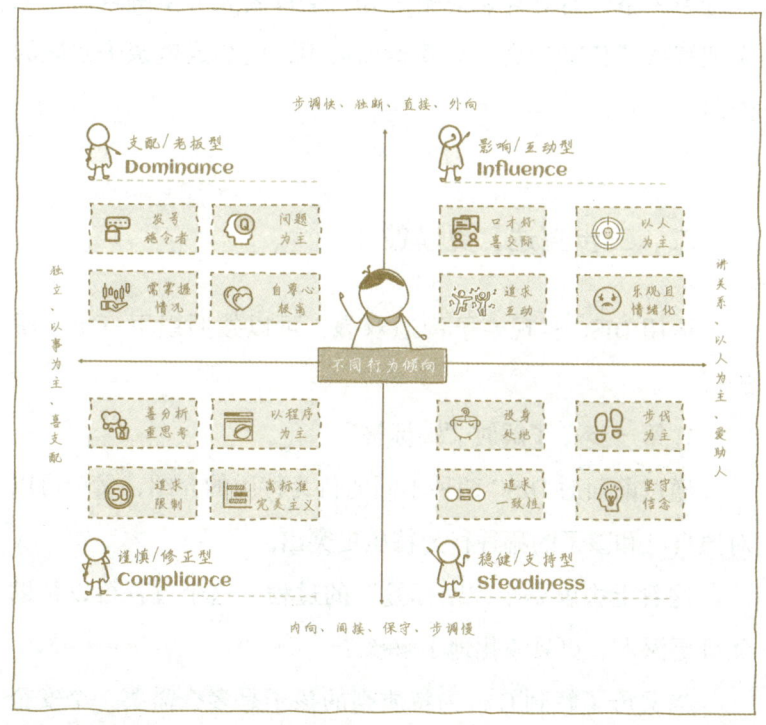

DISC 根据两个维度：一是关注人 / 事情，二是行动快 / 慢，把人的行为风格分为 D、I、S、C 四种特质。关注事情并且行动快的是 D 特质；关注人并且行动快的是 I 特质；关注人并且行动慢的是 S 特质；关注事并且行动慢的是 C 特质。

通过这两个维度非正式测评的方法，父母可以大致了解自己和孩子平时使用较多的行为风格是什么。

值得一提的是，每个人身上都有 DISC 四种特质，只是在某些时刻、某些场合，某一种行为风格会更突出而已。这四种行为风格没有好坏、对错之分，父母要充分了解自己，也应理解孩子免除误会，只要善加运用，就会成就亲子双赢的沟通。

## 二、三步直达，更懂彼此

运用 DISC 实现亲子沟通双赢，可以按照以下三个步骤进行。

### 1. 第一步：了解时"贴标签"

通过前面对 DISC 四种不同的行为特质的介绍，父母可以对照自己和孩子的哪种行为特质更突出。

这看上去就是个"贴标签"的过程，这个过程可以帮助父母更深入、更具象化地了解孩子。

当父母了解到 C 行为特质高的孩子是多么需要一个安全距离，那就不会为了表达亲昵，而跟他勾肩搭背。

当父母知道 D 会果断快速地做出决定，那么有一些希望孩子能再好好思考的事情，就可以约他们明天某个时间就这件事聊聊。

当父母知道高 I 特质的孩子为了不伤感情而退一步，就会心疼他，而不是就事论事，与孩子一争高下。

当父母特别想了解 S 孩子的想法，那就鼓励他先来发言，以免他因照顾他人的想法而跟从别人的观点。

了解差异，让父母和孩子对彼此多一分理解。当父母对孩子多了一分"人际敏感度"，孩子就会对父母多了一分"关系安全感"。因为孩子知道，父母懂他。

### 2. 第二步："撕名牌"

每个人身上都有 DISC 特质，在不同的情境下也可能会表现出不同的特质。很多父母经常会说，"我的孩子变了""我都不知道他怎么了""我都不认识他了"，等等，其实是父母没有真正懂孩子，他不是变了，只是在某些时候表现出了不同的行为风格。

比如有的孩子到了青春期，他可能更加关注自己的外表，会更多使用 I 特质，有的孩子会去穿耳洞、烫头发，或者会有与众不同的穿衣偏好。

比如一个平日更多具备 S 特质的青春期孩子，当他被父母偷看了日记，他在捍卫自己主权的时候，他所表现出的就是 D 特质。

如果父母不了解 DISC，是不是在孩子暴怒着跟自己据理力争的时候，极有可能会动用父母的权威跟孩子吵起来？"你怎么可以这么跟我说话！"接下来硝烟弥漫的战场也是可以预见的了。

可是，如果换成了解 DISC 的父母，会在孩子表现出 D 特质的时候，还会跟他硬碰硬吗？一定不会。这就让对方有了一份"关系安全感"。

智慧不在于话说得漂亮或者说得多有道理，而在于，当下这个人懂他。

### 3. 第三步：运用时"变形记"

当父母通过 DISC 了解自己和孩子的行为模式，并且有意识地去运用它时，世界就开始变得不一样了。

比如我的儿子平时表现出来最多的是 S 特质，可是对于头发这件事特别具有 C 特质，比如鬓角多高、前额发多长都有绝对细致的要求，如果某一次理发师"失之毫厘"，那这个小男生就会极为不爽。这时候如果用 I 特质跟他说："我觉得差不多呀，挺帅的！"或者跟他开玩笑，肯定会点燃他的怒火。只有用 S 特质去同理他，他的情绪被安抚之后，等过几天头发长长了也就好了。

虽然父母平时使用较多的风格未必是 S 特质，但毫不妨碍父母在合适的场景可以很好地使用 S 特质。当然也可以在恰当的时候，很好地用出 D、I、C 任意一种特质。在任何情况下，父母都有四种行为风格可以选择如何来与孩子沟通。

## 三、与 D 行为风格孩子的相处之道

### 1. D 行为风格青少年表现

有主见，有自己的想法，喜欢说"不"，喜欢按照自己的方式做事。在家里喜欢指手画脚，不太容易听别人的建议，有时不太能够控制自己的情绪。意志坚定，决定的事情会想办法做到。在青少年时期会体现为积极进取，愿意承担责任。喜欢试探父母的边界，看父母多大程度上能够接受。常让家长感受到对立性强。这种特质会经常被孩子们用来引起家长的注意。

### 2. D 父母与 D 孩子

值得注意的是，很多即使不是 D 行为风格突出的父母，但是由于父母与孩子之间这种身份和角色的关系，也会让自己与孩子相处时成为 D 特质父母。

这时，父母经常会表现为希望速战速决，马上看到结果，快速解决问题，"最好你完全按照我说的做"。但如果跟孩子的 D 特质发生碰撞，就会形成僵局，并让父母觉得权威受到威胁。这也给了家长反思的机会，如果父母一直强制要求孩子按照自己的意志做事，孩子就会用 D 特质来回应。

"D"碰上"D"也未必一定就是剑拔弩张，因为他们都有旺盛精力，他们能够共同完成目标，在求胜的事情上可能会攻无不克。由于他们都很喜欢在家里指手画脚，希望成为规则的制定者，父母和孩子可以尝试划定各自的权力范围，

这样也能确保相安无事。

### 3.I 父母与 D 孩子

I 父母很擅长激励他人，D 孩子目标感很强，做事希望拿到结果。一旦取得了好成绩，I 父母也从不吝啬赞美之词，这会让 D 孩子感受到被认可。很喜欢舞台光环的 I 家长也因为 D 孩子而有了可以炫耀的资本。从这点上来看，他们真的是可以各取所需，相互满足的一对组合。

但 I 家长的炫耀有时也会引发 D 孩子的反感，尤其是当 I 家长更注重感受和氛围，并不重视条理性，往往会被 D 孩子嗤之以鼻。

I 家长喜欢人多热闹，但不一定非要带着处于青春期的 D 孩子，或者可以先征求他的意见。因为如果他不想去，就很可能会引发亲子之间的争执。

D 孩子喜欢试探边界，而 I 家长和 S 家长的边界都比较模糊，常常会遇到 D 孩子得了一城还要十五城的权力侵占问题。所以对于规矩和约定的把握，以及学习"温和而坚定"中的"坚定"，都是 I 家长和 S 家长的必修课。

I 家长喜欢开玩笑，甚至以自黑为乐。但青春期的 D 孩子很要面子、自尊心很强，有些玩笑可能会让他很难堪，很不喜欢。所以 I 家长对 D 孩子的幽默要有限度。

### 4.S 父母与 D 孩子

S 父母对于 D 孩子来说是最好的啦啦队员，S 父母总能提供最好的支持，不会干涉、控制、限制孩子，让 D 孩子有机会施展拳脚。

但是父母需要注意的是，一定要有度，正如在 ID 组合当中提到的，D 孩子很容易"吃定" I 家和 S 家长。因为孩子发现，只要多坚持一点，就会多拥有一点控制权。S 家长常常会因此陷入被动，面对 D 和 I 的时候，常常顶不住，就会变得比较没有原则。

S 父母在与 D 孩子相处时，一定要学会照顾自己，奉献型的 S 会更多地为孩子付出。而 D 孩子也真的会经常让 S 家长筋疲力尽。要相信 D 孩子能管理自己，给他权力去做。同时，要让 D 孩子学会尊重他人。

### 5.C 父母与 D 孩子

C 父母与 D 孩子总有一点合不上拍，尤其在速度上。D 孩子希望事情快点解决，呈现出往前冲的状态，C 父母考虑事情会比较久，再想想、再等等。C 父母对 D 孩子常常是限制、泼冷水。D 孩子会认为父母怀疑他的能力，不够相信他。事实上 C 父母确实是在质疑，甚至还认为孩子做事不经大脑。

C 父母追求完美，D 孩子做的很多事在 C 父母眼里都还不够好，没有达到预期标准。这对 D 孩子来说，是一件很泄气的事。C 父母一定要多看到孩子的努力，及时点赞。由于 C 父母表达一向有理有据，他的赞美会让 D 孩子更信服，更有动力。记得千万不要在赞美之后，加上一句"但是你还有……可提升的空间"。

在与 D 孩子一起设定目标、完成任务方面，C 父母可以成为非常好的支持者。千万不要去控制孩子，这会让孩子非常压抑。

## 四、与 I 行为风格孩子的相处之道

### 1.I 行为风格青少年表现

I 孩子阳光、快乐，通常很受人欢迎。他乐于与人交往、喜欢互动，希望有表现自己的舞台。他很幽默，也有表现力，能把大家的目光像聚焦在他身上，他也很享受这种感觉。他喜欢漂亮、独特的服饰，也喜欢使用夸张的表情和语气语调。"哇，帅呆了！酷毙了！"都是他们的标志语言。

### 2.D 父母与 I 孩子

D 父母比较喜欢命令，这让喜欢自由的 I 孩子很不爽，不爽到可能会用出 D 特质来跟父母对抗。

D 父母和 C 父母都不太能理解 I 孩子怎么总那么欢乐。面对孩子"今宵有酒今朝醉"的态度，D 父母会有很大的焦虑："你没有目标吗？不用考虑未来吗？"而 I 孩子就觉得 D 父母看不得自己开心，每次高兴的时候，D 父母就黑着脸来指手画脚。

D 和 I 的口才都很好，谁也不准备隐忍，所以如果争执起来，也真是火星撞地球，场面很"壮观"。

其实 I 的努力方式就是"玩"，他会把自己喜欢的事情"玩"得很精彩，而不是埋头认真地去做好。"玩"着做可

以激发他更多的创造力，D 父母可以跟孩子定了目标后，设置玩的方式去完成，这样仍然可以把任务完成得很好。

D 父母也可以邀请孩子的同学一起来玩。因为搞个活动是 D 父母的强项，而玩好它又是 I 孩子的强项。

### 3.I 父母与 I 孩子

这真是个欢乐的组合！这对组合会有兴之所至的决定，会有很默契的笑话，会有无限多样的拍照姿势，会有层出不穷的外出游玩的好点子，很招人羡慕！

I 父母与 I 孩子相处，一定会有很多有趣的回忆。开怀的瞬间，会让孩子更加喜欢与父母在一起。

需要注意的是，由于双方都是 I 特质，都想表达，那么谁来听呢？所以，当家长觉察到孩子表现出 I 特质时，可以调整自己为 S 特质，多给孩子一些倾听。这也能让孩子学会轮流表达，更加注意别人的感受。

### 4.S 父母与 I 孩子

这对组合是孩子很欢乐，父母很被动。

对 I 孩子，家长使用 S 特质时要有节制，可以在给孩子当啦啦队员的时候使用，可以在化解争执的时候使用。但面对 I 孩子想要挑战边界和底线的时候，要把 C 或 D 结合进来。因为 I 孩子挑战边界可不是像 D 孩子一样，他们是攻城略地的，而 I 孩子是靠撒娇、软磨硬泡的。S 家长一个不留神就会被"糖衣炮弹"攻陷。这时，家长可以用 C 特质来分析，用 D 特质来坚定立场。

倾听时要走心，否则就会收到 I 孩子的投诉，"你根本没听我说""你在敷衍我"……

### 5.C 父母与 I 孩子

在别人眼里 I 孩子就是个开心果，可是 C 父母未必这样认为，他们经常说 I 孩子是"人来疯"，在很多事情上 C 父母还会觉得 I 孩子表现得太夸张了，"装的吧"等。C 父母面对 I 孩子时，因为 I 孩子的行动快速，情感大开大合，常常会让他们觉得有点跟不上，觉得有代沟。而 C 父母比较爱制定规矩，很多框框限制会让 I 孩子很受约束，难以玩得尽兴。

致命的是，I 孩子特别黏人，这对于 C 父母来说是个挑战。因为 C 父母喜欢跟人保持距离，哪怕是最爱的宝贝也不例外。所以，会让 I 孩子常常感觉受到冷落。

那什么时候可以调用 C 特质来与 I 孩子相处呢？制定规划的时候可以，培养学习习惯的时候可以，这些时候都可以成为 I 孩子的好助力，但是不要去用 C 特质中的苛责和挑剔。

C 父母对 I 孩子，要多一分接纳和看着他乐的心，接纳他想要舞台、想要表现的愿望，接纳他确实不太有耐心和定力。实在欣赏不了，就闭目养神一会儿吧。

## 五、与 S 行为风格孩子的相处之道

### 1.S 行为风格青少年表现

几乎所有的父母都不会太担心与 S 孩子的相处，因为 S 孩

子不是让父母感觉"很好"，就是感觉"特好"，一度会认为是自己教子有方。只是当 S 孩子因为太过在乎别人的看法，而出现自卑、讨好、畏缩表现的时候，父母的忐忑担心才会生出。

### 2.D 父母与 S 孩子

家有 S 孩子，就少用点 D 特质吧，D 特质的控制行为会让 S 孩子成为自己的附属品。当孩子真的很棒的时候，也没必要归功于都是自己教得好。否则，当有一天 D 父母看到 S 孩子温软的一面，就会很愤愤然："为何虎父偏偏生个犬子！"其实孩子就是他自己，成为他自己太重要了。

D 家长习惯直接给孩子目标或结果，就是"你按照我说的做"。S 孩子是四种类型里面最能满足 D 家长"统治欲"的那一种，他甚至会把自己的建议藏起来，听从父母。虽然父母的高压、高要求，S 孩子会听从，但不代表他不会在某一天崩溃。

D 特质运用得当仍然会为亲子关系加分，在给孩子信心和安全感的时候，D 父母的力量感和笃定，会让 S 孩子慢慢生长出一些力量。

### 3.I 父母与 S 孩子

I 父母想法多，变化快，常常让 S 孩子不知所措。I 父母喜欢表现，喜欢舞台，当然也喜欢夸奖自己的孩子是很棒的。如果 D 特质不强的 I 家长，也说不定会跟朋友吐槽，但如果 D 特质强的 I 家长，也有可能让孩子成为自己面子的牺牲品。

因为他们一比较就会焦虑，一焦虑就要唠叨，一唠叨还容易跑题，陈年糠万年谷都可以翻出来。S孩子就只能默默忍受。

DISC的每一种，都能产生负能量，也能产生正能量。I家长依然是最能跟孩子快乐地玩在一起的那种，他们是很不错的组合。I家长可以很好地鼓励S孩子勇敢、决断，因为他们是天生的赋能者。

### 4.S父母与S孩子

S父母与S孩子这个组合很暖很默契，相处起来如细水长流。可能也会让人觉得有点闷，过于平淡了。不管是哪一种相处模式，都要调出正面能量来，不要陷入负面能量，比如活成负S，可能就是软弱、自卑，没主见的组合。活成正S呢，那就是一对灵魂亲子伴侣，会一起做很多有意义的事情，帮助别人，大爱与人，不急不躁。

在支持孩子去努力或做决定的时候，家长都可以调用更多的S特质，成为一个真正的支持者。其实，不管对哪种类型的孩子，都需要家长经常调用S特质。

### 5.C父母与S孩子

如果说SS组合可能有点"闷"，那CS组合是真"闷"。C父母关注事情条理、规则多于对人的关注。牙膏从哪儿挤出来的远比孩子心情好不好更重要，如果听到这句话，C父母可能还会说："难道不是吗？"

对于C家长特定的规矩，S孩子大多数都可以很好地执行，但孩子内心情感却总是被忽略的，孩子会积攒很多委屈和孤独。S 孩子一般都很需要有温度的相处，所以父母更多调出 I 和 S 特质会更好。

C 特质的调用可以多多用于 S 孩子在爱好上的精进以及独立思考的方法上。

## 六、与 C 行为风格孩子的相处之道

### 1. C 行为风格青少年表现

C 孩子是需要父母去琢磨的孩子，他一般不会直接告诉别人他的需求，他的心思基本全靠猜。C 孩子通常会有很专一、很深入的爱好，平时话不多，但是说起自己的爱好，他可以滔滔不绝，并且引经据典，各种数据一应俱全。他不喜欢别人打断他的游戏或思考，不能忍受自己的东西被打乱。即使他自己把东西摆放得很乱，他也知道乱中的秩序。不要总是催 C 孩子，催也不会快，还不如直接告诉他具体时间更有效。

那些跟父母说"我不想当一把手，但我可以给一把手出谋划策"的孩子，通常此时是在用 C 特质在说话。

### 2. D 父母与 C 孩子

C 孩子通常比较有个性，他不出风头，也不会去讨父母和长辈的欢心，自己想做的事情就去做。如果父母给他的建议缺乏逻辑，他还会认真纠正。这点会让 D 家长有时候心里很窝火，因为 D 家长对孩子都有不低的期望，可是 C 孩子往

往不会如父母所愿去参加各种活动或比赛。即使有这个能力，他也不是很感兴趣。

但 D 父母和 C 孩子都是讲道理的，所以通常就某一些双方感兴趣的话题，是可以探讨得很深入的。这就非常方便 D 家长把大局观带入亲子谈话中，给 C 孩子一些不同的思考。

### 3.I 父母与 C 孩子

C 孩子不太能接受 I 家长的活跃和积极的性格，完全不理解 I 家长为什么笑点那么低，为什么那么不重视规则，为什么那么爱聊天，甚至跟小狗都能聊上几句。C 孩子对 I 家长深以为傲的幽默很少捧场，反而会嗤之以鼻，有时候甚至会觉得 I 家长的表现很丢脸。

I 家长常常左右逢源，受人欢迎，可是他们首遭滑铁卢往往就是因为遇见 C 孩子。I 家长夸张有余、严谨不足的措辞，也常常被 C 孩子一丝不苟地纠正。

但 I 特质的正能量使用还是可以帮助 C 孩子多一点幽默快乐的元素，并且在鼓励孩子方面也能起到非常好的效果。

### 4.S 父母与 C 孩子

S 父母是 C 孩子爱好的最好的支持者，C 孩子与 S 家长相处舒适度非常高，因为 S 家长不会过多干涉、控制、叨扰他，他可以按照自己的想法做自己的事情，S 家长也不会给他们必胜的压力。但有时 S 家长的纠结和摇摆不定会让 C 孩子不知所措，对于 C 孩子来说，给出标准和规则，比这个规则好不好更重要。

常常会让 S 家长感到失落的是，C 孩子没那么会体察人意。家长常常会觉得孩子对自己有点冷淡，有点疏远。那这个时候要么就多调用 I 特质来自娱自乐，要么就直接跟孩子表达抱抱的邀请，或者可以建立一个专门的约定，比如进门出门时都要抱抱。这种规定类的约定，C 孩子很容易接受，而 S 家长又能够从 C 孩子这里体会到温情。

### 5.C 父母与 C 孩子

CC 组合如果放在矛盾中，就是一对"杠精"；如果放在各自的专研的事情中，就是"方便面"二人组，可以足不出户，沉溺其中，方便面能解决的，连火腿肠都可以不需要；如果放在共同的爱好中，那就是"连体"组合，他们的灵魂、喜悦的高度契合令人羡慕。

需要注意的是，使用某个风格较多，并不代表孩子就是这个类型，或者一直会是这样的行为风格。而只是这段时间使用较多而已。而且家长与孩子的相处方式，会激发孩子更多地使用某种行为风格。当家长越用力限制孩子的时候，他的 D 特质就更明显。而当家长理解多一些的时候，孩子 S 特质的温暖也会不断展现出来。

DISC 行为语言帮助父母和孩子更加了解彼此，合适调用各种特质，实现双赢的亲子沟通并不难！

# 第四节 从内向外，掌握与孩子愉快合作的秘诀

## 一、不做"甩锅侠"，别给孩子承担不起的信任

有的父母学习了前文中各种方法之后，意识到之前的亲子沟通方法不能给孩子成长带来帮助，于是决定"那我就干脆不管了，充分相信他，让他自己管理自己"。接着就把手机交给孩子，并郑重地说："妈妈相信你自己能管理好！"

刚开始时，妈妈很开心，因为不用每天喊："又超时了！""你怎么就没点控制力呢！"孩子也不用隔着门吼："还有5分钟！""听见了，别烦了，行不行！"也不会再有气得砸门砸手机的冲突。每天相安无事、母慈子孝，一片祥和。

可时间长了，家长发现孩子并没有如自己所期待的那样，自己管理好自己，反而肆无忌惮地玩起来。此时，如果管教，一切又跟以前一样剑拔弩张，而且孩子还会说父母说话不算数，自食其言。如果不管，父母又会更加焦虑和担心。

"充分信任、完全放手"，这并不是民主的表现，而是从控制走向了另一个极端，是父母想做"甩锅侠"的表现。因为当孩子再次出错的时候，父母可以说："你看，我完全信任你，你却这样！"言下之意，跟他毫无关系。

即使孩子到了青春期，身高、样貌都与成人无异，可是从心理发展和社会属性上说，他们仍然是孩子，是处于特殊阶段的孩子，仍然需要父母，甚至更加需要父母的支持和帮助。

当父母把一切责任都推给孩子，孩子是否能承担得起？

### 1. 短暂的快乐，长久地失去安全感

刚开始孩子肯定是开心的，就像脱了缰的野马，获得了自由，撒了欢地跑。但是时间长了会发现，没有任何约束的自由其实是最大的不自由。就好像人们喜欢住在大房子里，那是不是空间越大越好呢？如果住在大草原上，空间虽然大了，但是安全感却没有了。

青少年不喜欢被约束，但是如果完全没有边界，反而会让他们不知所措，不知道时间要如何安排，不知道生活应该怎么过。

### 2. 背不动的信任成为孩子内心的负担

即使是大人，也常常会因为又没有控制好看手机的时间而懊恼。何况是青少年，他们的很多能力都还在成长的路上。当父母把这份沉甸甸的"信任"交给自己，而自己实际上屡次无法管理好自己的时候，孩子会怎么想？他是不是会攻击

自己？"唉，我真的很没有自制能力"！"我辜负了妈妈的信任，我不能让她知道，否则她会难过的"。"你看我不仅管不好自己，还是个骗子"。"我想我永远都管理不好自己"。

"信任"本身是来自父母赋能的意图，最后却导致了"负能"的结果，就是因为这份信任的体量不适合青少年。

所以，父母在给孩子赋权的时候，一要双方商定界限和范围，二要衡量孩子是否担得起。

还有很多父母"甩锅"的原因是害怕激发孩子的负面情绪，害怕与孩子发生冲突，假借"信任"的方式来回避。然而，回避虽然可以暂停战火，但是却错过了让孩子成长的机会，也错过了让父母自己勇敢直面问题的机会。

在能量尺里可以看到，勇气是走向正能量的开始。父母在面对孩子之前，要先面对自己，觉察并调整自己的能量状态。

## 二、"你值得玩一个小时的游戏"，配得感让孩子更愿意配合

孩子沉迷于手机游戏是很多父母都非常头疼的问题，我的孩子也经历过在游戏上花费时间过多的情况。当时小女儿刚刚出生，正逢暑假，我一方面实在没有时间和精力照顾哥哥，另一方面也心存侥幸，看看他是不是能够玩够了就不玩

了。然而，事实上游戏本身是不会让孩子厌倦的，因为游戏开发者的任务就是激励玩家持续玩下去。所以基本上不会出现孩子"玩够了就不玩"的情况，除非在他生活中有更重要的事情让他愿意去做，让游戏在他生活中的地位下降。

我开始重视这件事情，并采取了一些措施，经过一年多的时间，有一天孩子跟我申请玩游戏时间，并且到了时间就自动去洗澡了。我才惊讶地发现，他已经很久没有在游戏上花费大量时间了。在这里把我们亲子之间共同的经验分享给大家，这些经验在我的很多咨询当中也是被验证有效的。

其中很重要的一点就是："有度"内的"大度"。

游戏不是洪水猛兽，有的孩子游戏玩得好，学习也优秀，有的孩子以后真的从事游戏设计开发，还有的孩子只是偶尔把游戏当作消遣。所以父母可以判断自己的孩子属于哪一种情况，如果严重影响了学习生活以及身体健康，就需要父母恰当干预。

父母要明确自己能够允许的孩子玩游戏的度，比如有的家长认为是每天 1 小时，有的家长认为是每周 1.5 个小时。一旦明确之后，就以此做约定。

为什么要明确，也就是说在这个时间内要给以允许，在这个时间内不让他有负罪感，玩的时候痛痛快快地、光明正大地玩。孩子有时候会跟我分享他的游戏排名和收获，我会饶有兴趣地倾听和回应。如果孩子明明是在约定时间内玩，但是父母还是会唠叨"整天就知道玩游戏"或者"他能做什么，还不是又在玩游戏"等，孩子内心会有抵触，导致他报复性地想要玩得更多。

超时了家长可以提醒，如果提醒次数多，那就在下一周的约定中提出这个问题来讨论，"上周你有三次超时了，我们可以做什么，保证下次不再超时呢"？或者把这一次超时的时间累计到下次游戏时间，比如累计超时 45 分钟，就减少一次玩游戏 1 小时的机会。

当孩子玩完游戏，家长也不要做出恩赐和施舍的姿态，比如"快点写作业去吧，别满脑子都是游戏"。这无异于暗示孩子就是个"满脑子装满游戏"的人。而且如果父母在恩赐，孩子就是在乞讨，在任何事情上都不要让孩子有这种匮乏感，不要让他觉得自己不配玩游戏，不值得拥有玩游戏的快乐，越匮乏就越会想要攫取。

在允许的时间内，大大方方地允许，让孩子感受到"你就是值得拥有这一个小时的娱乐时间的"。孩子配得感会让孩子有更高的自尊水平，孩子的配合意愿度就会越高。

### 三、约法三章为何不管用？

上一节提到了约定，很多家长会觉得约定不管用，"约好会再犯""约好也不遵守""说到却做不到""孩子控制不了自己"等。其实我见过很多亲子约定都会有几个问题：

（1）父母一言堂，要求孩子按照自己的条款来，孩子被迫承诺可以做到。

（2）约定常常演变为吵架，导致不欢而散。

（3）虽然孩子做了承诺，但一旦做不到，父母就会认为孩子说话不算数。

（4）虽然有约定，但是父母在规定时间内仍有不满，超出时间更是会斥责。

（5）如果孩子一再破坏约定，父母会放弃约定。

如何避免约法三章遇到的这些"坑"呢？

### 1. 一份好的约定一定是彼此尊重的

作为家长不要带着预设的结果来跟孩子聊，不要一言堂，约定的时候不发脾气、不责备、不评判，作为孩子也不会抗拒约定，会把这个当成亲子之间的一个沟通渠道，会真正相互尊重。一旦彼此尊重，就会在行为上也很尊重对方，也更珍惜与对方的相处。

### 2. 每次制定新的约定，要有试行时间

"试行一周"很重要。如果约定了，就必须照着做，没有做到就是不守约定，这样的做法缺乏弹性，会让家长失去一个跟孩子沟通的好工具。但"试行一周"意味着，在一周后，还可以针对这段时间约定的执行情况来做调整，这种弹性让大家都可以及时调整约定中不合理、执行不好的部分，而且又不容易让孩子产生挫败感。

### 3. 尊重式的约定，是"人事分离"的

如果遇到约定执行不好的情况，家长可以借助上一个"试

行"的步骤，来重新探讨。这里的重点是，再次探讨的是"约定"，而不是"你怎么说话不算数"，前者是因为约定有一些没有充分考虑到的部分，需要再探讨，再优化。后者却是对孩子这个人的攻击。如果每次约定都是一次对孩子的攻击，那么孩子也会自暴自弃，不再愿意与父母约定。

**4. 不要做约定的破坏者，学会笑着说"不"**

在执行约定的过程中一定会遇到孩子求情破例的情况，而父母一心软，就"透支"了下次游戏的时间给孩子。看上去"信用卡式"的临时约定也很合乎情理，但是这会让约定执行起来更难。

对于这种情况，父母不需要指责他"又动什么鬼心眼"，也不需要板着脸严肃地拒绝，而是要学会尊重地笑着说"不"，尊重约定就是尊重彼此。孩子即使有情绪，家长也要表现出"我能理解你有情绪，同时我也会遵守我们的约定。如果你认为约定需要调整，我们可以在下次讨论的时候提出来"。

**5. 生活中有更重要、更精彩的事情，生活中有更值得他们珍惜的爱**

尊重式沟通可以把孩子的精力从跟父母的对抗当中释放出来，从而能够去思考或者面对生活中更精彩的事情，而且当亲子关系不再紧绷时，父母会发现孩子比以前更加在意与父母之间的关系，孩子不会轻易为了一件事而伤害与父母这种良好的关系。这一切都是在尊重的前提下才会发生。

在疫情期间，很多家长都非常焦虑孩子因为上网课导致游戏时间变得不可控，但是我们家这种情况很少。可能源于这个时候我们关于约定这件事情，双方都已经能建立起彼此尊重的心态了。

这个约定不会一劳永逸，约定后也会有一些失约的情况。但因父母尊重、欣赏的态度，孩子就会更加自觉地遵守约定。

## 四、用"事后诸葛亮"五步法建立有效规则

"事后诸葛亮"往往用于贬义的应用，但是在这里却是值得每一位家长记住的有效方法。即使家长做到了倾听、接纳和共情，做到了让孩子在做事情中获得成长。可是孩子总会有做错的事情需要父母来帮助，或者总是需要学习积极地解决问题的方法，什么时候可以给孩子这些引导呢？

这就是要跟大家探讨的"事后诸葛亮"五步法。"事后诸葛亮"，顾名思义，就是一定要事后才能用。比如孩子早晨赖床，经常迟到。与其在孩子赖床的时候跟他讲道理、责备、唠叨（这都是在前几章当中验证过无效，并且会进入负能量循环的方法了），不如事后再聊。因为事后双方都脱离了当时的情绪气压，更容易理智思考，平静面对。

这个方法适合用于平时多次不能够赢得合作的问题，或者父母希望能够给出一些建议的问题，或者需要双方讨论才能达成一致的问题。

### 1. 发起商议

亲子气氛还不错的时候，父母可以发起一次商议："我们用 5 分钟的时间讨论一下你早起的事情。"通过前面几个章节的学习和应用，一般来说，亲子之间已经可以做到"气氛不错"了。

### 2. 双方感受

开始后，父母先说一下孩子的感受："妈妈知道你每天早上起床都挺想再赖一下床的，是吧？"表达孩子的感受，是为了表达理解。孩子有可能认同，也有可能说"才不是呢，我就是困"等。孩子说的时候，父母就认真倾听，不评判不说教。

父母还可以好玩的语气轻松说："我小时候也是起不来，就好像褥子会拉住我一样！"

如果孩子不说话，可能亲子之间的信任还没有完全重建，或者孩子的自尊水平较低，会认为父母又要开始批评他了。这种情况下，就需要父母给以更大的耐心，多用本书中的方法，加上父母从内而外的爱和尊重，自然会有改观。

接下来，父母可以说一下自己的感受，比如说"我每天早上叫你都不起床，我也很有挫败感"，或者"看到你起不来，妈妈也很着急，担心你上学会迟到"。

这一步就是说出了双方的感受和需求，这是合作的前提。

### 3. 讨论目标

"我们讨论一下看看，能有什么办法，既能让妈妈不用担心，你也不用烦恼妈妈总是叫你"？这一步就是提出了讨论目标，是为了让父母和孩子双赢，而不是家长一言堂，也不是孩子完全说了算。父母要足够诚恳，要让孩子感觉到，"这确实是个问题，爸爸妈妈也很困惑，需要我们一起来解决"。这与被要求的感受完全不同，孩子能充分感受到父母的尊重，并认为自己是有价值的。

### 4. 轮流发言

接下来双方就可以各抒己见，轮流提议了。先把彼此能想到的方法都记下来。在此过程中，不要有任何评判。比如"这方法不行"！"你想得可真美"！"你能不能现实点"！这些都会让讨论无疾而终。父母可以先提议，比如"把闹钟调早 10 分钟""你自己设定两个闹钟""妈妈每天只叫你两次，每次隔 5 分钟"等。

再引导孩子提议，"你说呢"？"你想想什么方法好"？父母的态度是尊重平等的，不管孩子提议什么，都先记下来。因为这一步只是"提案"阶段，不是所有的提议都会被采纳，但是父母面对孩子提议的态度是本次讨论成败的关键。

### 5. 确定方案

大家一起确定双方都认同并确定的提议，作为接下来的执行方案，可以写在一张纸上。

# 第五章

# 赋能：
# 每一句话都可以是青春期孩子的"加油站"

如何准确地为孩子按下"确认键"？拆解为孩子赋能的底层逻辑，避开让孩子无法自信的三大"死穴"以及影响孩子独立的三大"陷阱"，为孩子搭建助力成长的"鹰架"。巧妙使用"剥洋葱、去导航法""两步赞赏法""半杯水"以及"正向资源法"四大沟通工具，为孩子赋能，给孩子"做自己"的勇气，活出"高版本"的人生！

# 第一节　父母稳得住，孩子才能站得住

## 一、孩子需要父母的"确认键"

大卫和布鲁斯是同班同学，他们的妈妈都非常爱他们，但他们每天经历的生活却各不相同。

**【布鲁斯的晨间半小时】**

"起床了，布鲁斯，你上学又要迟到了！"妈妈大声叫布鲁斯起床。

布鲁斯起床后，穿好衣服光着脚丫进客厅吃早饭。

妈妈说："你的鞋呢？难道你要光着脚去上学吗？哎哟，看你穿的是什么呀！蓝毛衣配绿T恤，太难看了！"

"看看你是怎么倒果汁的？不要又像以前一样洒得到处都是！"

结果，布鲁斯真的把果汁洒了。

妈妈很生气地拿着抹布边擦桌子边说："我真不知道该拿你怎么办才好！"

布鲁斯嘴里嘀咕了几句。

妈妈说："你说什么，又嘀咕起来了！"

布鲁斯默不作声吃完早餐，准备出门上学，妈妈说："布鲁斯，你又忘记带午餐了！要不是你脑袋长在肩膀上，你连脑袋也会忘记的！"

布鲁斯拿起午餐包，妈妈说："今天在学校必须要听话。"

**【大卫的晨间半小时】**

大卫住在布鲁斯家的马路对面。

早晨妈妈来到大卫房间说："现在是7点，大卫，你想现在起床还是5分钟后？"

大卫打了个呵欠："5分钟后。"5分钟后，大卫起床了，穿好衣服光着脚丫进客厅吃早饭。

妈妈说："嗨，你已经穿好衣服了，就剩下鞋子没有穿了。"

大卫答应着说："我吃完早餐就去穿。"

之后坐下来吃早餐喝果汁，倒果汁的时候洒了一些。

妈妈说："擦桌子的布在水池边。"大卫拿过布把果汁擦掉。

吃完饭，大卫还跟妈妈开心地聊了一会儿天，然后穿上鞋准备去上学。

听到妈妈说："大卫，午饭！"他跑回来拿午饭，谢过妈妈，说："再见！"

（故事来源于：《如何说孩子才会听 如何说孩子才肯听》）

我在无数次课程中讲述过这个故事，每一次我都会重新被触动。

很多家长听完这个故事就很感慨地说："我就是布鲁斯的妈妈。我一直以为做得还不错，可是没有注意到这些小的生活细节。"

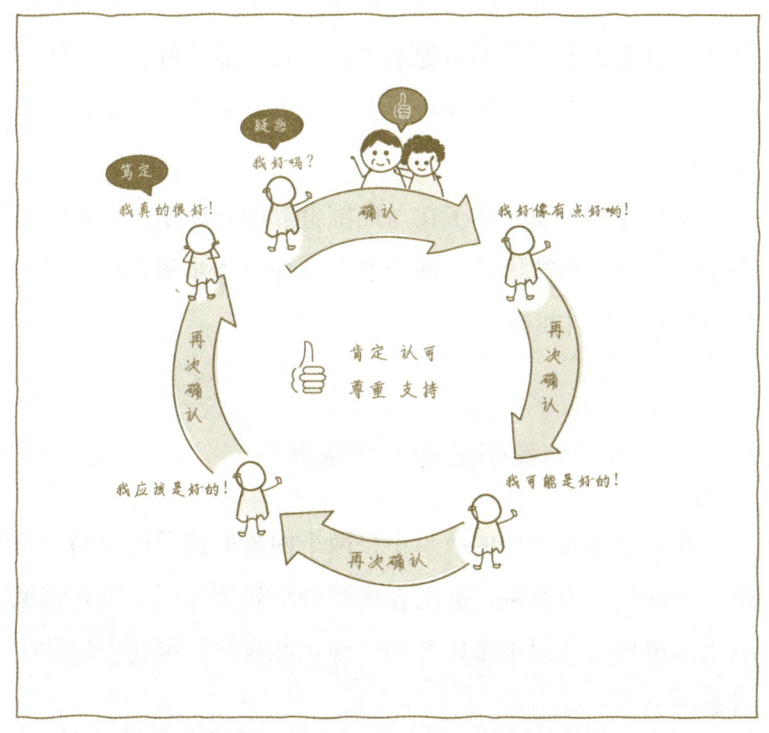

父母与孩子的沟通，并不一定非要长篇大论、不一定非

要有主题或目的、不一定非要教育或纠正，所谓"润物细无声"，就是在孩子与父母相处的分分秒秒，每天最普通的那些对话，一遍遍叠加，一次次确认，就形成了孩子能够认识到的自己，形成了孩子的自我评价。

这个过程通常是这样的，每个孩子都想得到周围世界的确认"我好吗"？如果周围世界以肯定、认可、尊重和支持给予回应，那么孩子就会形成"我好像有点好哟"这样的结论。如果一直再有一件事情不断地让孩子得到同样或类似的确认，那么孩子就会不断地给自己"我可能是好的""我应该是好的"这样的自我评价，直到孩子非常笃定"我真的很好"！

反之亦然，如果孩子在与周围世界的互动中，获得的是否定、贬损、不被信任，孩子也会这样一步步累积出"我真的很不好"的自我确认。

## 二、拆解为孩子赋能的底层逻辑

在大卫和布鲁斯的故事中，两个同龄的孩子住在同一条街，坐在同一个教室，甚至在这样的早晨都经历了极其相似的生活事件，从起不来床开始，到弄洒果汁，再到忘记带午餐盒……

可是不同的是什么？是妈妈与他们的沟通方式。乍一看，无非是几句生活闲话而已。既没有谈学习，也没有谈未来，更没有重要事件的沟通或教育。这样一个平淡无奇的早晨半小时，对孩子能有什么样的影响呢？

下面就来详细拆解一下平淡无奇的晨间半小时，对孩子的"神奇"影响。

| 事件 | 布鲁斯 | | 能量值 | 大卫 | | 能量值 |
|---|---|---|---|---|---|---|
| | 妈妈的话 | 引发的自我评价和感受 | | 妈妈的话 | 引发的自我评价和感受 | |
| 起床 | 命令、抱怨："起床了，布鲁斯，你上学又要迟到了！" | 我是一个迟到的"惯犯"；我总是没办法做到准时起床；一大早就被妈妈骂，烦死了。 | ↓ | 给选择："7点了，大卫，你想现在起床还是5分钟后？" | 我有能力自己做决定。 | ↑ |
| 穿好衣服，但没穿鞋子 | 指责、羞辱、否定："你的鞋呢？难道你要光着脚去上学吗？哎哟，看你穿的是什么呀！蓝毛衣配绿T恤，太难看了！" | 我真是个笨蛋，竟然没有穿鞋子！真倒霉，又被妈妈抓了小辫子；我是一个没有审美水平的人。 | ↓ | 给肯定："嗨，你已经穿好衣服了，就剩下鞋子没有穿了。" | 看，我做得还不错，再穿上鞋子就更棒了！ | ↑ |
| 倒果汁 | 指责、翻旧账："看看你是怎么倒果汁的？不要又像以前一样洒得到处都是！" | 你这样说我，我更加不知道怎么倒才好。我从来就做不好这件事；我每次都会把事情搞砸。 | ↓ | 低碳法则：没有任何提醒 | 我是被信任的；我可以自己做很多事情。 | ↑ |

| 事件 | 布鲁斯 | | | 大卫 | | |
|---|---|---|---|---|---|---|
| | 妈妈的话 | 引发的自我评价和感受 | 能量值 | 妈妈的话 | 引发的自我评价和感受 | 能量值 |
| 倒洒果汁 | 抱怨、责备、失望："我真不知道该拿你怎么办才好！"（妈妈擦桌子） | 妈妈说得对，我总是做不好；我真是太糟糕了！我一无是处，是个制造麻烦的人。 | ↓ | 给支持："擦桌子的布在水池边。" | 果汁虽然洒了，但是我可以为自己的行为负责；看，我把倒洒的果汁处理干净了！ | ↑ |
| 早餐聊天 | 责备、嫌弃："你在说什么，又嘀咕起来了！" | 我还是闭嘴好了！我没资格说话，因为总是把事情搞砸；我一说话就招人烦；我总是没办法让妈妈满意。 | ↓ | 给认可：（亲子聊天） | 妈妈愿意听我说话；我们聊得还不错！我刚才表达的观点妈妈认为很新颖有趣！ | ↑ |
| 忘记带早餐 | 嘲讽、指责："布鲁斯，你又忘记带午餐了！要不是你脑袋长在肩膀上，你连脑袋也会忘记的！" | 唉，我真是笨死了！我总是会忘记事情，记忆力肯定有问题！难怪学习不好…… | ↓ | 低碳法则："大卫，午饭！" | 谢谢妈妈提醒！ | ↑ |

| 事件 | 布鲁斯 | | | 大卫 | | |
|---|---|---|---|---|---|---|
| | 妈妈的话 | 引发的自我评价和感受 | 能量值 | 妈妈的话 | 引发的自我评价和感受 | 能量值 |
| 临行叮嘱 | 命令："今天在学校必须要听话。" | 我不是一个听话的孩子，总得要妈妈提醒才行；学校老师可能也认为我不听话；如果在学校一不小心做错事，回家又会挨骂。我不是一个自律的孩子，总是让妈妈不放心。 | ↓ | 低碳法则："再见！" | 开始新一天的学校生活了！ | ↑ |

让我们来猜测一下，当两个孩子走出家门后，会有哪些不一样的表现？

| 假设事件和问题 | 思考和决定 | 原因 | 能量值 | 思考和决定 | 原因 | 能量值 |
|---|---|---|---|---|---|---|
| 新一天的状态 | 自卑的、自我怀疑的 | 我总是把事情搞砸，谁知道这一天我又会做错什么事情。 | ↓ | 自信的，乐观的 | 我是很不错的呀，我可以做更多尝试，不知道还有什么惊喜等着我。 | ↑ |

| 假设事件和问题 | 思考和决定 | 原因 | 能量值 | 思考和决定 | 原因 | 能量值 |
|---|---|---|---|---|---|---|
| 考试不及格 | 自我否定、担心、焦虑、自暴自弃 | 我从来就没做好过一件事情；晚上又要被妈妈骂了；把试卷藏起来吧，别让妈妈发现；我记忆力这么差，难怪没考好；我这么笨，不及格也算正常。 | ↓ | 积极寻求解决办法 | 我总是有办法解决问题，让我想想怎么办；或许我也可以请妈妈帮忙，她总是在我有需要的时候支持我。 | ↑ |
| 集体文创活动 | 缺乏自信，不愿意尝试 | 算了吧，我的审美那么差劲！我去参加也会是出丑的那个，还是别去了。别的同学会嘲笑我画的画；他们会不会也像妈妈一样嫌弃我？我笨手笨脚的，可能会把颜料打翻。 | ↓ | 自信，乐于交往 | 我有时候会有一些不错的点子，参加这个活动会很有趣。与同学交流聊天多有意思呀！ | ↑ |

妈妈的沟通方式不同，带给两个孩子的成长动力完全不

一样。虽然没有谈学习，却影响了学习；虽然没有涉及集体活动，却影响了他参与的信心和兴趣；虽然每个妈妈内心都是希望孩子好，但是布鲁斯走出家门的那一刻，无法感受到明媚的阳光，无法焕发出年轻生命的活力。

每个孩子要前进，都是靠自己的"动力系统"，而不是靠父母的"拉扯系统"。

有的父母认为，我不拉扯他，他也不自觉。其实是因为拉扯了，他才不需要自觉。

有的父母认为"我放下拉扯，我不管他，也没见他好起来"。其实是因为父母的眼里、言行间还会流露出来对孩子的不信任和嫌弃。

有的父母认为"别人家的父母也是这样，孩子还不是很好学上进"？此时，父母的比较和失望早就被孩子敏感的天线接收到了。

当父母真正愿意成为支持者的时候，就会"稳如磐石"，不会因为孩子的过失而有过多的情绪摇摆或能量起伏。在这个早晨，大卫没有比布鲁斯多"做对"一件事，所谓的"错误"和"不好"一样也没少，可是，大卫的妈妈"稳如磐石"，我相信即使当她看到孩子不及格的卷子时，也会是这样的状态。爱自己的孩子，还需要理由吗？因为孩子做得不好，所以父母会失望，因为孩子做得好，所以父母会开心。一旦有了这些"因为""所以"，爱就进入了讲条件模式，而不是无条件模式。

一旦有条件，父母就会能量不稳定，就会掉进"布鲁斯早晨"的坑，一步一步削弱孩子的力量。

一旦有条件，父母内在就容易不平稳，就会想管束，就会有各种情绪，进而导致孩子负能的叠加。

无条件时，父母是支持孩子成长的态度，而不是只为达到某种目的。

无条件时，父母是充满了对孩子的好奇和相信，而不是带有任何批判的眼光。

## 三、别让孩子的能量为父母买单

对话一：

父母：怎么又头疼了？我让你早点睡你又不听，头疼上不了学，不更耽误学习吗？

孩子：行了，你别说了，我不疼了，能去上学。

对话二：

孩子：妈妈，老师不让我参加这次比赛。

父母：怎么会这样？是不是你表现不好？是不是练习得不够呀？

孩子：没事，反正我也不太想去。

父母：怎么会不想去呢？你之前不是很想去参加的吗？这是多好的加分机会呀，就这么给弄丢了！你还能把什么事情做好呢？

孩子：我什么都做不好！以后也别指望我做什么事情！

父母：发什么火呀，是我把你的机会弄丢的吗？我整天为你比赛准备这准备那，你还想让我怎样啊？！

孩子：是我没用，行了吧？！你满意了吧！

几乎所有的父母都特别想知道如何为孩子赋能。在我接待的青少年家庭咨询中，大多数都是孩子或亲子关系出了严重问题，火烧眉毛的那一刻，家长才会来找我。每次当我看到微信里突然跳出来的求助，都能感受到短短文字背后家长的焦灼。

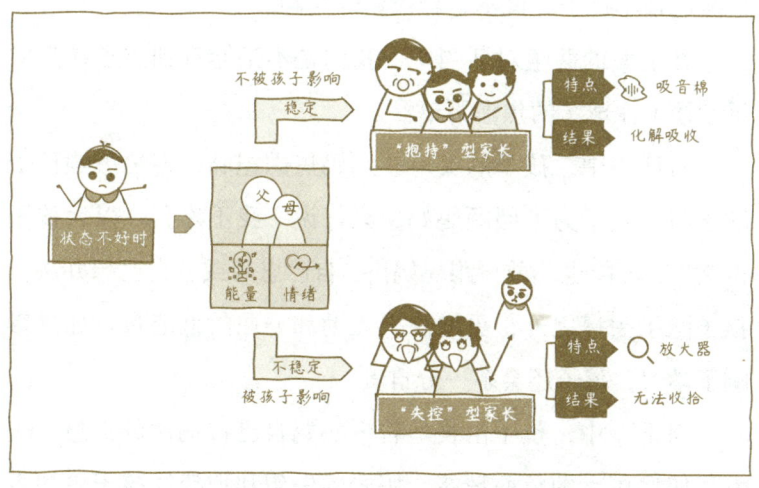

家长往往在进入咨询后，第一件事就是希望老师开导孩子，第二件事就是希望老师立即能帮助他们解决问题，让孩子马上去上学、马上不抑郁、马上不再离家出走等。我能够理解家长焦急的心情，只是力气如果用错了方向，对事情的

解决并不会有任何帮助。

孩子的状态不好时，家往往是第一个"吸收器"，有的父母像吸音棉，孩子的负面情绪很快被吸收化解了。有的父母像"放大器"，孩子的负面情绪瞬间被放大得无法收拾了。这也是本书前面所讲到"抱持"型家长与"失控"型家长的区别。

追根溯源，那些让父母崩溃的亲子问题，在很多情况下都是由于父母自身能量和情绪不稳定，很容易被孩子影响的缘故。就好像一个篮球扔过来，身强力壮的人轻松接住，如果换成是小孩子，说不定会被篮球撞翻。

在上面的两组对话当中，我们是不是能看到孩子在为父母"接不住球"的焦虑买单？

对话一中，孩子的头疼让妈妈焦虑担心，害怕影响孩子的学习，孩子为了照顾妈妈，只好说"我不疼"。以后孩子再头疼，可能也不敢再跟妈妈讲，自己忍着或者自己想办法。孩子除了头疼之外，更增添了无助和委屈的低能量。如果影响了学习，孩子还会多一分自责。

对话二中，孩子沮丧地告诉妈妈自己被淘汰的消息，引发了妈妈更大的负面情绪，妈妈的失望和抱怨让孩子更加否定自己。亲子矛盾的升级也让孩子在更大的低能循环的涡流中难以修复。

所以，要想为孩子赋能，一定要先停止耗能。否则，父母"接不住球"的状态，只会降低孩子的能量值。只有父母在情绪和能量都稳定的状态中，才有可能给孩子有力的支持。

在这里要提醒父母的是，当看到自己过往的错失，或者对孩子不好的影响，千万不要陷入新的低能量中，即"自我否定、自我攻击"当中，不要用新的负能量来代替旧的负能量。可多使用上一章提到的二分模型，帮助父母更客观地看到事实真相，而不是被自己的担心、恐惧牵着走。

父母对自己能量的重建要比把焦点放在孩子身上的性价比高很多，每个人来到这个世界的第一使命就是爱自己、照顾好自己。

这个功课有没有完成好，通常有了孩子就会知道。如果在孩子小的时候没有被觉察和发现，那么当孩子到了青春期，父母就会遭到更多、更严重的提醒。

爱自己不是自私地只管自己，不管他人，忽视家人。这是自私、不负责任，不是爱自己的表现。真正爱自己、为自己负责、照顾好自己是有能力让自己处于情绪和力量都很稳定的状态。如何稳定，这本书中讲到的所有方法，都能够帮助父母实现这一点。只要父母的能量状态好起来，孩子和周围的一切自然都会好起来。

最让我心疼的是，当孩子的情况有一些好转后，有些父母就不再接受辅导了，认为一切都已恢复正常。然而如果问题的根源还没有得到彻底清理，一切都还远远没有结束。

## 四、让孩子缺乏自信的三大"死穴"

"你要是进不了前十名，就考不上重点高中，考不上重点高中，就考不上大学，考不上大学你的人生就完了！"

### 1. 吓大的孩子不会有自信

因为害怕黑夜，所以很快跑回家；因为害怕贫穷，所以发奋工作；因为害怕将来被淘汰，所以不敢不努力学习……恐惧也是一种强驱动力，所以，才会屡屡被滥用。就好像一枚硬币，有正反两面。恐惧的正面就是办事快捷有效、立竿见影，反面是以牺牲亲子关系、牺牲孩子的力量感和安全感为代价。

相对地，爱这种强驱动力的反面就是"来得慢"，看上去没有那么快速引发行动，因为爱是慢慢渗透的。正面就是维护了好的关系、让孩子充满力量，并且持久。

### 2. 一犯错就被批评的孩子不敢尝试

"看你的衣服怎么穿的？！"

"牙膏又没盖盖子！"

"每次都不记得拿钥匙！"

"写过多少次了，这个单词竟然还会写错！"

孩子生活中的大事小事都是错。孩子一犯错，父母的天就塌了下来，在这样的体验中长大的孩子，没有信心去做尝试。他们不敢尝试，因为一旦犯错，就会招致很严重的后果。

也有很多青春期孩子的父母认为这是好事，这样孩子会因为有忌惮而不敢"胡作非为"。

可是，谁不会犯错？孩子一旦犯错，因为害怕被父母责骂，害怕父母失望而放弃生命的悲剧比比皆是。即便没有走向极端，孩子的人生将会在患得患失、谨小慎微甚至不敢承担责任的惶恐中度过。

即使以后工作或学习上有了好机会，他也可能会在纠结中错失，"万一我做不好怎么办"？"我输了大家都会嘲笑我的"。孩子不敢相信自己，也不敢相信世界会对他给以善意和包容。

而认为"犯错也没什么大不了，再来一次就好了"的孩子，会更加勇于做决定、勇于尝试，更加容易赢得机会，也更容易获得成功。

### 3. 没有机会做决定的孩子与自信绝缘

"天冷了，你得多穿一件衣服。"

"不行，我们已经定好暑假去海边了，怎么能说变就变呢？"

"来，你们是同龄人，打个招呼，聊聊天。"

"你要多运动，别整天躺在床上。"

孩子生活中的大事小事都被安排。小到穿衣吃饭被催促、被要求，大到家庭决策不受重视、被迫接受，孩子事事都没有办法自己做主。父母只想听到他们想听到的，只想看到他们想看到的。

还有的父母表面上尊重孩子，但实际上却用各种威压来达到自己的目的。请看下面的对话：

　　父母：“你的房间想刷什么颜色的墙漆呢？”

　　孩子：“绿色的！”

　　父母：“可是绿色看多了会疲倦，不如蓝色的吧！”

　　孩子：“可是我喜欢绿色，绿色对眼睛好。”

　　父母：“那你可以多看看窗外呀！”

　　孩子：“好吧，蓝色就蓝色吧！”

　　父母：“嗯，就这么定了！”

　　自信的主体是孩子自己，如果孩子“自己”都已经消失不见了，那如何能够有自信呢？长此以往，孩子呈现出来的状态要么就是消极的，“你们说了算，我没话说”，要么就是不配合的，“反正我不去，没有理由，就是不想去”。

　　这三种因素都让孩子无法自信起来，也就不会有属于自己的力量，赋能自然也就谈不上。没有小树，即使你有再多的水、再好的肥，也无处可用。

# 第二节　三大"陷阱"导致赋能变失能

## 一、避开"独立"陷阱，搭建"鹰架"

英国著名的心理学家西尔维亚说过一句话："这个世界上，所有的爱都是以聚合为最终目的，只有一种爱以分离为目的，那就是父母对孩子的爱。"父母养育孩子的一个重要目标就是帮助孩子成为一个独立的个体，等有一天孩子离开了父母，能够独立前行无所畏惧。

最常见的关于独立的"陷阱"就是家长的"父母不管"和孩子的"不管父母"。

"父母不管"是家长认为孩子所有事情可以让他自己做，就像老鹰一样把小鹰往空中一扔就是让他独立的最好方式，其实这是走向了独立的反面。

"不管父母"是孩子认为独立就是不要按照父母说的做，不要沿着父母的脚印走，这仅仅是形式上的独立。

这两种想法都有偏颇，都与真正的、有力量的独立相去甚远。

加拿大麦吉尔大学的神经学家迈克尔·米妮和其实验室研究人员曾经用两组小白鼠进行过一次实验。实验把幼鼠分成两组，一组被母鼠经常舔舐和抚摸，另外一组则很少得到母鼠的舔舐和抚摸。研究人员想知道不同形式的母爱会对幼鼠未来的独立性带来怎样的影响。

两组幼鼠成年后，实验人员对它们进行了多组对比实验。

第一个实验让两组老鼠进入一个巨大的、开放式的圆形箱子里待 5 分钟，看看它们面对新的环境时有什么不同的反应。结果，小时候经常被鼠妈妈爱抚的老鼠很勇敢地在新的空间里到处去探索，而小时候缺失妈妈爱抚的老鼠表现得非常焦虑不安，紧贴在箱壁上，挤在一起的时候，还非常容易发生冲突，甚至相互撕咬。

第二个实验是在新环境中给两组老鼠喂食。两组老鼠都是在很饿的情况下接受这个实验的。觅食是动物生存的本能，决定了它们是否能够很好地存活。实验中发现，小时候经常被鼠妈妈爱抚的老鼠平均只需要经过 4 次尝试，就会进行总计超过 2 分钟的进食。而小时候缺少妈妈爱抚的老鼠平均要经过 9 分钟的尝试才会进食，并且每次进食的时间也很短，只有几秒钟。

研究人员进行了反复多次实验发现，每一次都是小时候得到妈妈爱抚的老鼠会表现得更好，它们更擅长完成各种任务，比如探险、交往、好奇心、自控力方面都有出色的表现，它们攻击性低，健康而且长寿。

正如小白鼠的经历，只有当一个孩子在家庭中获得了足够的安全感，他才能真正地走向独立，才能够拥有真正独立的力量。他能够去探索世界，能够解决问题，而非形式上独立了，但是内在却充满恐惧、对他人无比依赖，并且容易受他人影响。就如前面讲的扎满毒刺的杯子一样，不仅自己无法很好地生活，还会从别人的杯子里不断舀水。

父母要为孩子搭建"鹰架"来支持孩子实现真正的独立。

"鹰架"在建筑工地经常可见，是施工时用以撑托楼体结构的临时支架，当建筑成形后就会被拆除。"鹰架"的原理在教学中大量被应用，是指学生在学习一项新的概念或技巧时，通过提供足够的支援来提高学生的学习能力的教学方法。当学生慢慢发展出学习的自觉时，这些支援会慢慢被取走。

从上面的文字描述当中，可以看到"鹰架"是起到支持作用的，功成才会身退。这并不是要孩子独立去建个房子，毕竟孩子的能力还无法完成这个任务。同时也并不会代替孩子建成这个房子，或成为房子的主体。

孩子是建筑主体，父母作为临时支架，不能一直去支撑，也不能完全不支撑。对于青少年来说，最好的"鹰架"既不是辅导功课，也不是监督过问，而是充分的接纳和理解，及时的肯定和认可。

 **思考题：**

1. "我已经很接纳他了，他现在怎样，我都不说他了，可他还是玩游戏呀！"

请思考：接纳和被迫接受的区别。

2. "我已经做到肯定和认可了，当着他的面都是表扬的话，都是正面积极的话。不好的话都不会说的。但是我看他也没什么进步，也没什么上进心。"

请思考：怎样才是真正的肯定认可？

## 二、别让"赞美"拖了孩子后腿

斯坦福大学著名发展心理学家卡罗尔·德韦克和她的团队在过去的 10 年里，对纽约 20 所学校 400 名五年级学生做了长期的研究，主题是"关于表扬对孩子的影响"。

【第一轮测试】

首先，研究人员每次只从教室里叫出一个孩子，进行第一轮智商测试。测试题目是非常简单的智力拼图，几乎所有孩子都能相当出色地完成任务。每个孩子完成测试后，研究人员会把分数告诉他，并附一句鼓励或表扬的话。

研究人员随机地把孩子们分成两组，一组得到的是一句关于智商的夸奖，即表扬，比如，"你在拼图方面很有天分，你很聪明"。

另一组孩子得到是一句关于努力的夸奖，即鼓励，比如，"你刚才一定非常努力，所以表现得很出色"。

为什么只给一句夸奖的话呢？德韦克解释说："我们想看看孩子对表扬或鼓励有多敏感。我当时有一种直觉：一句夸奖的话足以看到效果。"

【第二轮测试】

第二轮测试中，有两种不同难度的测试可选，他们可以自由选择参加任何一种测试。

一种较难，但会在测试过程中学到新知识。另一种是和上一轮类似的简单测试。结果发现，那些在第一轮中被夸奖努力的孩子中，有90%选择了难度较大的任务。而那些被表扬聪明的孩子，则大部分选择了简单的任务。由此可见，自以为聪明的孩子不喜欢面对挑战。

为什么会这样呢？

德韦克在研究报告中写道："当我们夸孩子聪明时，等于是在告诉他们，为了保持聪明，不要冒可能犯错的险。"

这也就是实验中"聪明"的孩子的所作所为：为了保持看起来聪明，而躲避出丑的风险。

【第三轮、第四轮测试】

这一次，所有孩子参加同一种测试，没有选择。这次测试很难，是初一水平的考题。可想而知，孩子们都失败了。先前得到不同夸奖的孩子们，对失败产生了差异巨大的反应。

那些被夸奖努力的孩子，认为失败是因为他们不够努力。

德韦克回忆说："这些孩子在测试中非常投入，并努力用各种方法来解决难题，好几个孩子都告诉我：'这是我最喜欢的测验。'"而那些被表扬聪明的孩子认为，失败是因为他们不够聪明。他们在测试中一直很紧张，抓耳挠腮，做不出题就觉得沮丧。

第三轮测试中，德韦克团队故意让孩子们遭受挫折。接下来，他们给孩子们做了第四轮测试，这次的题目和第一轮一样简单。

那些被夸奖努力的孩子，在这次测试中的分数比第一次提高了 30% 左右。

而那些被夸奖聪明的孩子，这次的得分和第一次相比却退步了大约 20%。

德韦克一直怀疑，表扬对孩子不一定有好作用，但这个实验的结果还是大大出乎她的意料。她解释说：鼓励，即夸奖孩子努力用功，会给孩子一个可以自己掌控的感觉。孩子会认为，成功与否掌握在他们自己手中。反之，表扬，即夸奖孩子聪明，就等于告诉他们成功不在自己的掌握之中。这样，当他们面对失败时往往束手无策。

不管说孩子"聪明"还是"努力"，本意都是要鼓励孩子的，都是希望孩子能不断进步的。但是通过这个实验发现，如果表达不当，可能会让父母以为的"鼓励"变成了拖后腿。

我们从这个实验来看一下两组表达的差别在哪里。两组说法中"聪明"指向的是人，而"努力"指向的是行为，被说为"聪明"的孩子，一旦遇到挫败，相应被否定的就是"人"，孩子就会对自己否定，认为自己不聪明。而人是改变不了的，没有办法变成另外一个人，所以孩子会有无力感。

而被说为"很努力"的孩子，一旦遇到挫败，被否定的只是他的一个行为而已，而行为是可以改变的。孩子不会认为是自己这个人不行，只是"我不够努力而已，我再努力一点就行了"，这个是可以改变的。孩子内心的力量不会被削弱。

所以，鼓励孩子要对"行为"不对"人"，才能进入高能量循环。

## 三、"标签"是个"捆仙绳"，还给孩子不被挟持的人生

每个人一生中都有很多次机会，会被有意无意贴上一些标签。这些标签有的好，有的坏。美国心理学家贝科尔认为："人们一旦被贴上某种标签，就会成为标签所标定的人。"每一个人都有寻求社会认同的心理，这就是标签能够发挥作用的重要原因。

### 1. 负面标签

当一个孩子被贴上了"记性不好""懦弱"等符合某个心理条件的负面标签时，他都会产生趋于认同这个标签的评价，怀疑或否定自己的能力，从而失去信心。标签还有"一叶障目"的特点，比如孩子认为自己是个"懦弱的人"，就不会再想到自己的细心、乐于助人等优点。孩子的心理和行为就会慢慢地越来越向这个标签靠拢。即使孩子并不真的是"懦弱"，有可能是因为谨慎或者思考周全的原因，而被贴上了这个标签。但是一旦贴上之后，这个标签极有可能就会导致孩子真的成为一个懦弱的人。

### 2. 正面标签

既然标签有这么大的威力，那是不是应该多给孩子贴正面标签呢？由于正面标签所描述的都是积极的、正向的，比如乖巧、优秀等，确实会让被贴标签的人获得被鼓励的感受。但正面标签是否可以为孩子赋能？从短时间来看，正面标签

确实有积极的作用，可以对孩子起到正面的自我暗示。标签有正面作用，但不意味着要贴正面标签。

### 3. 正面标签的弊端

（1）被标签"挟持"。比如说一个孩子被贴上了很"乖巧"的标签，孩子刚开始时也会感觉很不错。但对于一个青春期的孩子来说，当他自我意识发展的时候，当他有了与父母或师长不一样的见解时，他就会纠结。到底是要遵从内心、发表自己的看法呢？还是要遵从乖巧听话的标签呢？选择遵从标签的孩子，很可能会压抑内在，没有办法很好地完成这一次人生蜕变；而选择了遵从内心的孩子，如果适应良好，就会从标签中释放，但是有的孩子会因此而攻击自己，"我怎么不乖巧了，是不是变坏了"？

（2）成为道德评判、绑架的助手。比如一个孩子被贴了"乐于助人"的标签，这的确是很正面的肯定，也会让孩子做出更多助人的行为。但是不可忽视的是，当一个青春期的孩子在寻求自我定位的阶段，他也有可能在自我认同时"用力过猛"，比如有余力助人是非常好的，但是如果为了迎合这个标签，而过度地去帮忙，甚至牺牲自己的很多时间、精力甚至利益去帮忙，反而会给孩子造成压力和负担。如果孩子不再做这样的事情，自我评价和他人评价有可能都会认为他不够好。

（3）家长的操控。正面标签对家长来说很诱人，会忍不住去用，家长也非常期望孩子成为标签所描述的那样的人。

这就需要家长能区分贴这个标签的出发点，是利于孩子的发展呢，还是为了满足自己管理孩子或者控制孩子的私心呢？

比如爱迪生被学校劝退后，妈妈对他说："因为你是天才，学校没办法教你了，才让你回家。"这个标签更大程度上是为了孩子的发展，鼓励了孩子的积极努力。

再比如一个孩子被妈妈贴的标签是"听话、不让大人操心""你是最优秀的、最棒的"，当孩子趋于这个方向去努力的时候，确实会让父母很欣慰。父母要注意的是，自己是否有利用这个标签来达到操控孩子的目的。

总之，正面标签虽有正面意义，但要善用。否则还会因此给孩子造成更大的伤害。毕竟标签下的人生是被框住的人生，尤其对于青春期孩子来说，更重要的是帮助孩子建立自我评价体系。

一个孩子不管因为什么原因陷入一个角色中，不管这个标签是正面的还是负面的，都不意味着他这一辈子都要饰演这个角色，也不意味着他要永远被禁锢在这个角色中。

## 第三节　为孩子赋能的四大沟通工具

### 一、"剥洋葱""去导航"法让孩子愿意说更多

对话一：

孩子："妈妈，我觉得学数学没什么用。"

妈妈："那干什么有用，整天玩游戏就有用了吗？能当饭吃还是当水喝？"

……

对话二：

孩子："妈妈，我想长到一米八。"

妈妈："那是你想想就行的吗？得好好吃饭，多多运动！看你一天总窝在家里！"

……

对话三：

孩子："妈妈，我这次考试算是考砸了！"

妈妈："考试就是检验你平时学习的！平时多努力，考

试才有底，平时不努力，考试就兜底。"

……

这三段话当中的家长都"成功"地给了孩子"负能"，并且斩断了对话。三段对话都体现了父母的"着急"，着急给孩子做个总结，着急给孩子指明方向。以下两种沟通法可帮助父母破解"着急"所带来的"负能"对话。

### 1. "剥洋葱"沟通法

在这三段话当中，家长听到孩子说起一个话题，就马上做了总结归纳，并且上纲上线，而且没有意识到，他所理解的跟孩子想要表达的未必一致。

父母在与孩子沟通时，要多练习做好一件事：不是"包起来"而是"剥开来"。

"包起来"就是即时总结、下定论，一旦话题被下定论就好像物品被包起来一样，之后点击发货就行了，难以有后续的对话。

"剥开来"是对这个话题多一分好奇，多一分澄清，多一分继续了解。就像剥洋葱一样，一层层剥开，这样就可以让话题继续，并且更容易了解到孩子的真实想法。

比如孩子说"想长到一米八"，如果是"包起来"，那就总结为"多吃多运动"，以及"你不运动（难以长高）"。

如果是"剥开来"，父母就可以跟孩子进一步聊——

"为什么是一米八，而不是一米七五呢？"

"要想长这么高的话，都需要做什么才可以呢？"

"你有什么计划吗？"

"有什么我可以帮助你的呢？"

……

"剥洋葱"法则，一定可以帮助父母与孩子聊很多，在"剥洋葱"的过程中也能让父母清晰孩子的想法，说不定还会发现很多父母平时不知道的那些事情。

### 2."去导航"沟通法

我们使用导航的时候，会先设定一个目的地，然后不管怎么走，最后都能够按照规划好的路线到达目的地。这就像很多家长与孩子的沟通方式一样，不管说什么，目的地都只有一个。有的孩子说，"我妈妈很厉害，不管说什么，最后都能拐到学习上去"。这是因为妈妈看到孩子那一刻，跟孩子沟通一开始，就已经开启了"导航"，所以最后七拐八拐，都能到达她原来设定的目的地。

尤其对于青春期孩子来说，他们口里经常会说"我最讨厌你们大人的虚伪""我就知道你要说什么""又是老一套"等，其实孩子是在告诉父母，他们渴望真诚的沟通，而不是套路。

家长要放掉功利心，不要指望每一次对话都能成为教导孩子的契机。比起情感联结，谆谆教诲、什么人生经验都变得没那么重要了。

美国一位青少年心理医生回忆童年时讲过这样一件事。有一次去幼儿园的路上，他说想要去动物园。可是爸爸要上班，他要上学，当时有些失落。谁知，他在幼儿园玩耍的时候，爸爸来接他，说带他去动物园。他真的是高兴极了，爸爸和他在动物园度过了一天。他说，那天的感觉一直温暖着他，哪怕后来爸爸因为作业没完成骂他的时候，他也会想起那一天。

可见，家人的情感联结对孩子内在的丰盈有多么重要。我想太多父母其实曾经都会有很多时刻，愿意为了满足孩子的一个小心愿去努力争取。只是，家长也容易忽略了，其实太多时刻都是可以点亮孩子内心的。也许仅仅是需要父母不要那么着急，在此刻多停留一下而已。

著名华人心理咨询师哈克说："何必急着从这里去到那里，这里已是风景。"

当不急着去某一个目的地的时候，父母和孩子的沟通就会放松。登月第一人阿姆斯特朗小时候有一次跑回家对正在做饭的妈妈说："妈妈，我要上月亮！"阿姆斯特朗的妈妈心里没有"导航"，没有目的地，所以她没有说："上月亮？你还要上太阳呢，还不赶紧把作业写完！"而是对他说："哦，上月亮呀，那要记得回来哟！"

## 二、两步赞赏法让孩子信心满满

对话一：

父母："你真厉害，作文拿了三等奖！"

孩子（心里）："其实我一点都不厉害，全班有一半的人都得奖了。"

对话二：

父母："你很会摄影啊，照片拍得不错！"

孩子（心里）："你真的这么认为？有好几张其实拍得很烂啊！"

在这两个例子当中，虽然父母是在鼓励孩子，但是孩子内心却并没有产生高自我评价。有的父母之前经常批评孩子，学习之后意识到应该多鼓励孩子，可是如果话说得不得当，孩子反而会认为父母使"套路"。再好的方法，也没有父母内心真正生出对孩子的欣赏和认可更重要。

同样的例子，可以换个说法：

对话一：

父母："我特别喜欢你作文里面这一句'它们用生命最后的活力演绎了这支独特的舞蹈'，把落叶写得既优美，又不凄凉，让我看到生命到最后都还绽放的美。"

孩子（心里）："妈妈是真的很喜欢这一句，我确实可以写出打动人心的文字呢！"

对话二：

父母："你这张照片抓拍到了同学冲刺时的表情哦！很不容易哟！"

孩子（心里）："我的努力没白费，还真是有成果的！"

当父母换了说法后，孩子感受到了父母的真诚，并且也因此为自己按了一次"确认键"。

这两种说法有什么不同呢？

前一种是"评价式"，后一种是"描述式"。

（1）"评价式"的说法让孩子感到敷衍。而且当父母的评价中有那么一点让孩子感觉到否定的意思，那么这样的鼓励就违背父母的初衷了。比如孩子认为"有的照片拍得一点都不好，你还故意说好，所以根本不是你说的那样的，其实我拍得很烂"。

（2）"描述式"的说法描述了细节，讲了具体的原因，孩子知道父母是真的看到了，也真的很喜欢或者很欣赏。让孩子产生好的自我评价的赞赏才能够实现赋能。

"描述赞赏"是第一步，是落实到具体细节，接下来第二步是"归纳赞赏"，把孩子的行为总结为一个词。

可能有的家长会困惑，前面不是讲过不要"包起来"，而是要"剥开来"的沟通方法吗？不是让家长不要动不动就总结，动不动就上纲上线吗？这里有个很重要的差别，就是遇到孩子的问题时，要"剥开来"，但是在赞赏时是可以总结的。也就是说，不好的不去做定性，但好的可以做总结，让孩子印象深刻。不好的要小事化了，好的可以小事化大。有时家长刚好做反了，不好的小事化大，追究不放，好的却熟视无睹，不闻不问。

对话一：

父母："我特别喜欢你作文里面这一句'它们用生命最后的活力演绎了这支独特的舞蹈'，把落叶写得既优美，又不凄凉，让我看到生命到最后都还绽放的美。"

孩子（心里）："妈妈是真的很喜欢这一句，我确实可以写出打动人心的文字呢！"

孩子说："是呀，我是真的认为落叶并不是最后的结束，而是来年生命的开始。"

父母："嗯，这就是'立意新颖'！"

对话二：

父母："你这张照片抓拍到了同学冲刺时的表情哦！很不容易哟！"

孩子（心里）："我的努力没白费，还真是有成果的！"

孩子说："可不是嘛，你不知道我费了多大劲才能找到这个角度！"

父母："嗯，这就是'注重细节'！"

"归纳赞赏"要注意的是，这仍然是在描述，而不是评价："这就是'注重细节'！"而非"你真是个'注重细节'的人！"

"归纳赞赏"的意义在于通过这样一个词一个词地积累，来帮助孩子建立他的评价系统，这些词汇将成为他以后面对困难时的力量。日复一日的赞赏，都是在一点一滴为孩子积累能量，并存于孩子的内心，没有人能夺去。这些都会在日后孩子遇到挫折时，给孩子以鼓励，成为他成功的基石。

## 三、"半杯水"焦点定律，关注的都会被强化

如果你面前有一个杯子装了半杯水，你看到的是什么呢？

有一个小故事，老师开家长会的时候，在黑板上写了五道数学题，家长们认真地看着。老师写到第五个时，家长不约而同地叫了起来："老师，你这道题写错了！"

老师转过身郑重地对家长说："我写对了四道题，没有人夸我。而我只写错了一道题，你们都来批评我。你们平时对孩子是不是也这样呢？"

很多父母听了这个小故事也会反思自己是否经常对孩子这样。说出缺点很容易，说出优点很难，并且说缺点很快，张口就来，不打草稿，说优点时，左思右想都很难挖掘出一个。这往往是因为父母认为孩子做对的、做好的，都是理所

当然。尤其是父母自身比较优秀的时候，更容易出现这种情况，他们会认为，"你看，我从小都不用别人操心，你怎么就这么让我费心呢！"

然而父母越聚焦什么，什么就越容易发生。在《鲸鱼训练师告诉你赞美的力量》这本书里，鲸鱼训练师说了一句让作者和随行人员惊掉下巴的话，他说："忽略它做错的事，再尝试别的动作或把注意力放在别的地方。"大家都认为怎么可以"忽略做错的事"呢？这样怎么可能会越做越好？怎么会有那些完美的演出？这位每天要与一万磅的杀人鲸共舞的优秀训练师告诉大家，越在意的事情，就越会重复发生。关注错误，错误的发生概率就会更高。不可以以"优越"教训或者驯服"劣等"动物的心来对待鲸鱼，那样是没有办法让它接受任何训练的。训练师要做的是让它"信服"，跟它一起玩，让它信任，"永远期待它们能办到看似不可能的任务"。

我认为这番话对每一位青春期孩子的家长都很有价值。父母要多去看"半杯水"，而不是"半个空杯"。有的家长可能还会说"我多看半杯水，空杯就能有水吗？"当父母多关注孩子优点、做得好的部分，孩子确实会把做得好的部分做得更好，也有可能会带动之前没那么好的部分越来越好。

我想说的是，即使不能让半杯水更多，也值得父母这样去做，因为看到半个空杯的时候，父母输出的是匮乏感，是自己或孩子没有的、做不到的，内心会陷入无助。

而看到半杯水的时候，父母输出的是丰盈感，是自己或孩子有的、能做到的，内心是充实的、安全的。

哪一种会为孩子更赋能呢？

父母："你看你头发这么乱，还没穿上鞋子，快点，否则上学要迟到了。"

孩子："在你眼里我就从来没做对过！"

要多告诉孩子"他做对的事"，父母可以换个方式来说。

"你差不多穿戴整齐了，干净的 T 恤、裤子和袜子也很配，嗯，只剩下鞋子和头发了，弄好了就可以去上学啦！"

两句话实际上说的是一回事，但是给孩子的感受却完全不一样。

永远看到孩子做到的、做好的事情，并且把它说出来。

## 四、"正向资源"法，变情绪为力量的源泉

负面情绪是青少年的重大困扰之一，是最容易造成负能循环的因素。孩子学会如何与情绪相处，将使孩子终身受益，并且成为力量的源泉。

实际上情绪并没有好坏之分，不管哪一种情绪都是一个"信使"，它只是来报个信，比如快乐的情绪，传递的是人的某一部分的内在需求获得了满足，恐惧传递的是有危险存在，要调动注意力照顾好自己。

我们通常会接纳好的情绪，而对那些看上去很糟糕的情

绪，会害怕、逃避、否认。"不要生气""别难过"，当孩子有糟糕情绪的时候，爱孩子的家长就特别希望尽快赶走它。

这在某种程度上也反映了家长的焦虑，家长看不得孩子的负面情绪，有时候孩子一有负面情绪，家长的焦虑比孩子还严重。这也是值得家长本身去关注的，家长可以回忆一下，过去是如何应对自己的感受的。

是否曾经在生气的时候否定自己，认为自己不应该愤怒？

是否曾经在哭泣的时候认为自己很软弱？

是否曾经在回答问题忐忑不安时，抱怨自己很没用？

为人父母之后，当孩子出现这些情绪时，会把当初自己对这类情绪的否定、逃避、贬低统统投射在孩子身上，父母不希望孩子也陷入这样的困扰当中，所以，会想快速终结它对孩子的影响。

然而，一味贬低、否定、逃避才是造成困扰的内因。父母要和孩子一起做的是聆听情绪，而不是应对情绪。

其实父母完全可以"让情绪再飞一会儿"，当一个人能够跟情绪更多地相处，才能够更好地认识和理解自己的情绪。当自己的情绪被身边人接纳和允许时，便不会有过多的自我攻击。否则，当情绪来的时候，孩子会多一层自我攻击："我怎么又生气了，我真是没用，总是没有办法控制情绪。"

情绪是赶不走的，它之所以有糟糕的表现，是因为它被"卡"住了，如果让它流动起来，便会将破坏性降到最低。

情绪不是垃圾，而是向内探索的资源。

父母可以用"信号破解法"帮助孩子找到"坏"情绪的正向资源。当这种方法运用得多了，就会成为孩子面对情绪的方式。如果青少年在与父母的相处过程中，习得了与情绪相处的方式，便会在更多的人生情境中获得更大的自由度。

"信号破解法"步骤：

第一步，为自己的情绪命名，比如悲伤、难过、沮丧。可以参考本书的"情绪词汇库"多积累对情绪的认识和表达。认识自己的情绪是不再被情绪破坏性影响的第一步。

第二步，用句式"我感到_____是因为_____"写出或说出"坏"情绪从哪里来。

例如，我感到很恐惧，是因为我的作业还没有做完。

第三步，用句式"_____（情绪词）告诉我_____"

例如，焦虑告诉我，我很负责，又很希望完美。

第四步，接纳并感谢。

例如，感谢你，我的恐惧，你让我有动力去完成一些不可能完成的任务。

感谢你，我的焦虑，你常常让我把事情做得很漂亮。

感谢你们曾经对我的帮助，现在我要去体验快乐的感受！

## 第四节　鼓励孩子勇敢做自己，养出"自赋能"体质

### 一、边界对话，给孩子留个"安全角"

在一次活动中，我听到一位已经成年的"孩子"讲述父母与自己的关系时，说到她的父母总是会跟她指指点点、说三道四，还必须要得到她的认同，否则就会继续说下去。父母自以为是在鼓励她、推动她走向更好的未来，而她却感到非常痛苦。

有一次她出现了严重的身体反应，头疼、恶心、想吐。她对父母说，能不能先别说了，因为她感到很不舒服。父母却完全不理会她的感受，认为她就是在回避问题，不想听而已，根本不是什么不舒服。直到最后女儿接受了他们的观点，父母才算满意地"收兵"了。

她毕业后在外地工作，每次要回家前，她都会非常真实地感到头疼、恶心、想要吐。

这看上去是因为父母出于关心和爱，所以才会如此苦口婆心。其实并不是，这是父母自己的安全感缺失导致的，是父母的内在恐惧的投射。父母所谓的"爱"和"为你好"，不是赋能，而是在侵犯孩子的边界。如果父母没有很好的边界感，就好像与孩子成了连体人，每走一步都是撕扯的痛。

当说到"边界"这个话题，就会有很多家长一边非常认同，一边又惴惴不安地问："那我是不是不用管就好了？"

家长的这句话里面包含了"孩子没有我能行吗""在他的世界里，我是不是不再重要了"这样的担忧。其实边界感并不是要父母完全与孩子拉开距离，或者放任不管。而是要清晰哪些事情是父母的，哪些事情是孩子的。跟父母有关的责任仍然是父母的，孩子自己的事情就交还给孩子，不要太把孩子的事情当成自己的。

就好比皮肤是人的肉体与世界的"边界"，这个边界保护了个体不受伤害，保障了个体的基本安全感。

试想一下，如果总是有人拿个利器来戳你，不经你允许或者在你不愿意的情况下来摸摸你、捏捏你，或者非要你暴露你不想暴露的皮肤，或者给你的皮肤涂上你不喜欢的颜色等，你内心是不是会有种被侵犯的感觉？

很多父母与孩子相处过程中，常常会不小心侵犯了如下几项孩子的边界而不自知：

### 1. 攻击型侵犯

责备、说教、威胁、唠叨这些低能的对话方式都是攻击型侵犯，有的父母会认为只有以这些方式才能实现管教孩子，但其实这是对孩子边界的挑战，迎来的只能是孩子的抵触或对抗。这部分内容在第一章已详细讲述了，这里不再重复。

### 2. 敏感型侵犯

总是有意去戳孩子敏感的、不愿意被人触碰的点。比如有的孩子偏胖，就一定不喜欢听父母说"除了吃就是睡，不胖才怪"；有的孩子饮食上口味比较独特，就一定不喜欢听父母总是在别人面前埋怨"这个孩子太挑食，所以这么瘦"；有的孩子考试成绩不理想，就一定不喜欢被父母要求向某某人学习；有的孩子因比较调皮经常被投诉，就一定不愿意听到父母唠叨"你早晚得把我气死，我的脸早晚被你丢光"……

### 3. 隐私型侵犯

每一位青少年都有自己的隐私，或者自己不想与人分享、不想被人评论的事情。如果父母非要孩子开着门写作业，如果父母偷看孩子的日记或聊天记录，如果父母总是过问孩子朋友的事情，都会让孩子感受到被侵犯。有时孩子关上门戴上耳机，他并不一定在做什么偷偷摸摸的事情，可能就是一个人发呆，一个人检查一下文具，一个人举几下哑铃而已。但他一定需要这种自我空间的明晰边界，这种边界感会让孩子踏实、放松并舒适。

### 4. 思想型侵犯

在前面的例子当中，这个女孩的父母总是在思想上、观点上要求女儿与他们保持一致。但对于青少年来说，有独立的思想是他们成长的标志之一，也是他们真正走向独立、开启更大创造力的动力之一。如果孩子的思想或观点总是被否定，他的创造力和思考能力就会慢慢萎缩，且不敢有自己的观点。

### 5. 圆梦型侵犯

没有一个人的人生会完美无缺憾，新生命的到来会让这些缺憾仿佛看到了可以弥补的希望。有的父母误以为孩子是另一个全新的自己，这一次一定要实现之前未能实现的愿望。于是，孩子把自己的人生过成了为父母圆梦的人生。在孩子青春期或者自我意识觉醒的时候，发现自己过的根本不是自己想要的人生，孩子会陷入深深的迷茫和痛苦中。还有什么比丢失了自己更可怕的事呢？

### 6. 权利型侵犯

每个人都有自己做主的权利，尤其对自己的身体、生活都有相应的决定权。很多人都有这样的体会：当自己本来很想做的一件事情，被别人催促的时候，马上就没有力量做这件事情了。本来我可以自己做决定的，当别人帮我做了决定，就会觉得一下子泄气了。虽然事情是同一件事情，但是主动和被迫却在能量上有本质的不同，一个是自己有力量，一个是力量被剥夺。如果父母经常越俎代庖为孩子做决定，就等于剥夺了孩子的力量感。

经常听到有的父母说，"孩子没有动力做事""孩子不自觉"。父母可以先来检视一下，有没有在亲子沟通中破坏了孩子的边界？给孩子留个"安全角"，让孩子确认与父母交往是安全的，不会被侵犯的，孩子才有可能真正从内而外产生自己的动力。

## 二、与青春期孩子的优势对话

孩子的考试成绩一出来，父母最关注的是哪一科的成绩呢？是平时较好的，还是平时较弱的？很多父母会下意识地关注孩子的弱项，在"扬长补短"这四个字当中，很多父母都会更加重视"补短"，都很希望孩子能把这个短板补上，"数学语文挺好的，那英语补上去不是更好吗"？

而"扬长"只是锦上添花而已，反正已经是长项了，就不用太花心思了，再提高也无非是从 95 分提高到 98 分而已，但是弱项如果能从 60 分提高到 80 分，那就再好不过了。看上去，关注弱项性价比更高。但实际上是不是这样呢？

在优势理论里有不同的观点可以供父母参考：

### 1. 发挥优势可以调动学习的动能

在任何学习中，专注力、学习的主动性以及学习效率都是至关重要的。父母可以观察一下孩子在学习不同学科时的状态，往往会有如下区别：

|  | 优势学科 | 弱势学科 |
|---|---|---|
| **专注力** | 较好 | 较差 |
| **主动性** | 高 | 低，不提醒不愿意做 |
| **效率** | 快 | 低，会磨蹭 |

然而这个差别不仅仅体现在当前学科上，它们是会相互影响的。

有数据表明，每天运用优势的孩子的专注度和主动程度要比其他孩子高 5 倍，每天聚焦优势的学习效率会高 12.5%。也就是说当孩子把关注点和发力点放在优势上，是会对整个学习状态都起到促进作用的。

而如果把焦点集中在弱势学科上，很可能会导致优势学科的相应效率和专注度等下降。

### 2. 善用优势能力，带动弱势发展

强调优势时自信，强调弱势时自卑。当面对优势的时候，孩子获得的是自信的感受，他认为这件事可以做好，也愿意去做。当面对弱势时，孩子更多感到的是自卑，认为自己做不好，会有无能感。前者更容易进入高能量循环，后者更容易进入低能量循环。

而情绪力是学习力的基础，孩子只有在良好的情绪状态下，才能有好的学习表现。

父母可以鼓励孩子总结自己的优势能力，并将优势能力运用于弱势科目的学习上，用优势带动弱势。比如孩子的语文是优势学科，数学是弱势学科，可以总结语文学科的优势

能力，比如阅读理解能力强，这种能力就可以应用于数学学科中的理解题意部分，以优势来带动弱势的发展。

### 3. 优势的可为空间超乎想象

学习能力比学习内容更重要，如果只从考试分数来看，弱项的成长空间确实更大一些。但是从能力的提升上来说却刚好相反。

内布拉斯加大学曾经用 3 年时间开展了一项由 1000 名学生参加关于阅读速度的研究。

研究开始前，不擅长阅读的学生平均阅读速度是 90 字 / 分钟，擅长阅读的学生的平均阅读速度是 350 字 / 分钟。在进行了为期 3 年相同的阅读训练后，不擅长阅读的学生的阅读速度提升到 150 字 / 分钟，约是 3 年前的 1.5 倍，而擅长阅读学生的阅读速度的提升幅度是惊人的，他们训练后的阅读速度达到 2900 字 / 分钟，比之前提高了 8 倍多。

这项研究结果表明，如果花同样的时间在一件事情上，关注优势的回报要远远高于关注弱势的。多关注孩子的优势，才能够让他的潜能爆发。

## 三、活出拥有"四张牌"的人生底气

青少年的思维品质还未完全成熟，看问题容易产生片面性和表面性，很容易出现只认一个理的情况。有的时候是观点上，认为这个就是对的；有的时候是选择上，只要这个，其他的都不考虑；有的时候是方法上，只有这个办法能解决，别的都不行。

如果孩子的选择行得通，孩子会因此而增加能量。但如果一旦行不通，孩子的状态就会跌入低谷。因为这对孩子来说，意味着无路可走。非黑即白的选择意味着匮乏、没有弹性、没有回旋余地。这种无助感会让人进入低能量循环，很容易走进死胡同。

一个人最大的自助莫过于"我还有选择"。给自己足够的弹性，有足够的选择空间。为孩子培养多选的思维，养出孩子自赋能体质。

父母可以利用第三章讲到的 DISC 工具，在平时跟孩子做游戏式的探讨。比如看新闻的时候，家人之间可以对某个新闻事件进行讨论。之前你们有可能会各执己见，也有可能会看法一致。

现在可以尝试一下用 DISC 来做个"四张牌"的游戏。D、I、S、C 就是四张牌，四种解决方案，详细内容请参考第三章。如果这个故事的主人公是 D，他会怎么解决，如果是 I 怎么处理最得当，如果是 S 情况会不会不一样，如果是 C 结局可能会发生什么变化。

这样一来父母与孩子的讨论会变得有趣很多，不再执着于谁的观点对错，而且还会发现所有的事情皆有四种解决方案。当孩子养成了这样的思考习惯之后，再面对实际问题的时候，就会多了一个"四张牌"的思考方式。不管遇到什么事情，都还有"四张牌"可以选择。这种弹性、允许、有选择会让生命变得有张力，而不是频频跟自己和他人较劲。

比如"面对只有一半学生能够上高中的状况"，就可以有四种思考方式：

可以用 D 来清晰目标，学习哪有那么难，设定目标，做就是了。

可以用 I 来调动热情，未来有无数种可能，上高中未必是我唯一选择，或者来吧来吧，与题共舞！

可以用 S 来盘点资源，我可以使用哪些资源帮我达成目标。

可以用 C 来校验标准，好好规划每一步以达成自己的目标。

手里有四张牌的富足感，比起只有一个选择的匮乏感，会让孩子更从容，更有掌控感，多一种选择就多一分力量！养成这个选择习惯，孩子会持续生长出更多的力量。

小鸟能够安心地在枝头睡觉，不是相信树枝不会断，而是相信自己的翅膀可以带它飞翔。希望孩子们带着拥有"四张牌"的人生底气走向更多可能的未来。

## 四、给孩子做自己的勇气，活出人生"高版本"

有一次在某公众号看到一篇文章，一位妈妈陷入每日和孩子的各种唠叨、争吵、相互看不顺眼等亲子矛盾当中，非常苦恼。这位中药专业毕业的妈妈在一次采药的过程中，突生感悟，每一株小小的草药都有它独特的药性，有的可以止咳、有的可以活血、有的可以消炎，连植物都有自己的异禀，何况是人类呢？

每个孩子来到这个世界上，也一定会有他独特的使命。父母要做的，不是把孩子变成父母想要的样子，而是支持他成长为他自己，那样才能够完成他独一无二的使命。试想如果你是比尔·盖茨的父母，假如按照你的要求去让他成长，或许他能长成你所期待的样子，却一定不能成为比尔·盖茨。

一个孩子只有很好地做自己，才有机会活出人生的"高版本"。

一个孩子只有成为他自己，才有可能在高能量循环中绽放青春！

在支持孩子做自己这件事情上，除了这本书里面讲到的所有内容之外，父母还可以做如下两个小练习：

### 1. 坚信"孩子是自己的好"

回想孩子刚出生的时候，每一位父母对孩子都是疼爱有加，而且会认为这是"全世界最可爱的孩子"，毫不怀疑。那时候孩子展示的是他生命的真相，就是要用可爱让父母好好照顾他们。而现在，孩子展示的仍然是他的生命真相，就是要蜕变成一个独立的个体，这个个体的未来谁都无法估量。当年，父母是如何无条件地支持他成长，那么现在也一样。

为了让父母做到"坚信"，可以尝试记手账的方式。毕竟当父母被气得火冒三丈时，很可能会把之前所有的"相信"都抛诸脑后。

　　手账分为"孩子棒棒的表现""我想对孩子说的'感谢'"和"我发现了孩子的正向资源"三个部分。前两项很容易理解，最后一项是记录那些以前父母可能认为是负面的、不好的，但现在却发现了正向资源的事件。比如"之前孩子走路总是会撞到东西，我认为这是他心不在焉、愣头愣脑的表现。现在我理解这是由于他长得太快了，还没适应自己的身体的关系"。"之前孩子写作业总是磨蹭到很晚，我会认为他学习不用心、不够认真，时间管理得不够好。现在我理解这是他很想努力把作业完成好，只是真的遇到了困难。"

### 2. 父母从自身出发，开启丰富人生

有位家长跟我说，她读初中时，有一次去同学家里，看到同学正跟爸爸在嬉笑打闹。她万分惊讶，跟爸爸在一起还可以这么好玩、这么开心？在她家，她看到爸爸就恨不得躲进地窖去，以免又遭到他的挑剔和打骂。她之前以为所有的父女关系都是这样呢！

对动物的测试证实，如果猫狗成长环境中只有水平线，它们就无法认识垂直线。所以父母给孩子的"烙印"会影响孩子的成长。

孩子经历过的生活会影响他对未来生活的认知。父母做好自己，规划好自己的生活，照顾好自己的情绪和能量，就是对孩子成长为独立个体最好的支持。当孩子看到父母可以活得这样内在丰富，他会更加相信自己同样也可以活得多姿多彩。

父母也可以为自己做一份日常手账，分为两个部分：

第一部分记录自己与孩子沟通得很好的故事。加强自己的信心，"我是可以做个好父母的！"

第二部分是记录"三不"，即作为父母要做到"不自恋、不自傲、不自迷"。

自恋是指："我说的都对，我做的都对，我的决定都对。"

自傲是指："你的一切都是我给的，我真伟大，这个家都是用我的牺牲和努力换来的。"

自迷是指："我会把焦虑的事情当成事实真相，我会把担忧的未来当成会发生的事。"

这份手账可以帮助父母做一次反思和记录，记录那些曾经为了自己、为了维系更好的关系而成长的时刻，让父母在这份成长中丰富自己，同时影响孩子，共同开启"高版本"的人生！

不管父母跟孩子一起经历了青春期的过山车也好，一起经历了伤痛和失败也好，一起创造了幸福和喜乐也好，这都是值得感恩的。正是这段日子成就了父母和孩子共同的蜕变和成长，也请感恩自己有一颗向阳生长的心，所以你我才会

因为本书相遇。

这本书写到最后，我想以一个生活小事作为结尾。有一次我们在外面吃晚饭，那是个寒冷的冬天，餐厅进来一位极其普通的中年女子，她推了推满是雾气的眼镜，大概是在找人。这时候从包间里跑出来一个小女孩，欢天喜地大声喊着妈妈，幸福地扑到她怀里。我瞬间因这一幕感动地热泪盈眶，我们可能普通到没人会留意，我们可能平凡到毫不起眼，甚至有时倒霉到全世界都背弃，可是，只有我们的孩子把我们当成他们的全部，把我们当成他们最殷切的期待。

平凡的自己竟然常常是孩子的全部，我们的守候、我们的悲伤、我们的看见，他们全都收得到，这一刻，到底是我们守护了他们的成长，还是他们成全了我们的生命？

祝愿每一个孩子的青春都能得到父母最好的支持。

也祝愿每一位父母都能在孩子的青春期这场修行中获得自我修复、滋养甚至重生。